JN100698

初任者教師の

スタプロ

スマート仕事術編

山崎克洋
監修

篠原諒伍
編著

東洋館出版社

　日本における新入社員の研修期間の平均は約３ヶ月と言われています。

　また、医療の分野では研修医としての期間は約２年です。命を預かるからこそ、専門的なスキルを先輩からしっかりと学び、現場に立ちます。

　さて、専門職である教師の研修期間は一体どれくらいでしょうか？

　４月１日、現場に行った日、「あなたは○年○組の担任です」と言われます。

　つまり実質０日です。

　もちろん、初任者は年間を通して研修があります。

　しかし、それは教師をしながらの『ながら研修』であり、子どもたちは研修を大して受けていない人から、教育を受けることになります。

　これは、子どもにとっても、そして、教える教師にとっても不幸です。

　もちろん、大学で教員免許を取得していますから、教育についての情報はもっているはずです。

　しかし、現場で本当に使える教育技術や考え方を大学は教えているでしょうか？

「４月のスタートで何を話せばいいの？」

「朝の会ってどうするの？」

「給食・掃除の指導ってどうするの？」

「保護者対応はどうしたらいいの？」

　多くの教師が、新卒の頃、わからないことだらけだったはずです。

　この大学の教員養成のおかしな仕組み、おかしな初任者研修制度に、私は学生の頃からずっと疑問をもっていました。

　そこで、これらを改革するプロジェクトとして、『初任者のためのスタートアッププロジェクト』（通称スタプロ）を立ち上げることにしました。

　全国の実力派の先生方に無料で講師になっていただき、約３ヶ月間に渡って

実施されたスタプロは、総勢100名の初任者・初担任の方にご参加いただきました。

　たくさんの方の支えのお陰で、『初任者が少しでもハッピーに１年間を過ごせるためのサポートをする』という目的を達成することができ、無事１年目の活動を終えました。

　そんな、スタプロ１年目の活動が終わるにあたり、東洋館出版社さんより、「ぜひ初任者を応援する本を出しませんか？」とお誘いがありました。
　私たちの目的である、『初任者が少しでもハッピーに１年間を過ごせるためのサポートをする』ことにも合致する内容だと考え、講師メンバーが中心となって執筆することになりました。

　また、せっかく初任者・初担任の方が100名参加してくださった企画だからこそ、スタプロ参加者の生の声を、この本に掲載したいと考えました。

　彼らが実際に１年目に何に悩み、何を考え、何にやりがいを感じたのか。
　彼らの生の声を出発点とした、初任者に寄り添った本になりました。

　教師の多岐に渡る仕事の中から、学級経営、授業技術、仕事術、この３つのカテゴリーに分けて３冊セットでの発刊となります。

　これから教師になる初任者はもちろん、教師として働く土台をしっかりと身につけたいすべての若い先生方に、この本が支えとなることを願っています。

スタプロリーダー　山崎克洋

スタプロとの出会いに感謝

　私は中学校１年生の担任をしています。教科は数学です。

　私が今「１年目、担任してみてどう？」と聞かれたら、「とても楽しい！１日に１回は必ず生徒たちと笑い合うことがあり、幸せだなと感じます」と答えます。

　スタプロを知ったのは大学４年生の12月半ば。SNSを通じて知りました。教員採用試験に合格し、４月に向けて何かしようと思っていたとき、「初任者教師を少しでもHappyに」という言葉が目にとまりました。週に２回のzoomの講座ならバイトや遊びとも両立できると思ったこと、セミナーの内容を読んだときに心からワクワクしたことから、気づいたらスタプロの参加を申し込んでいました。

スタプロで学んだことを実践できた

　教師となり初めてのクラスをもちました。クラスが始まった最初の３日間に、私は「こんなクラスにしたい」ということ、また、「命を大切にしてほしいこと」「いろいろなことに挑戦してほしい」などの思いを伝えました。１年目の４月にこの行動を起こせたのは「最初の３日間が大事」だとスタプロで学んでいたからです。そのお陰で、係の仕事を忘れずにする姿や、班長に挑戦する姿、子どもたちが少しずつ成長する姿、がんばる姿、逃げない姿を間近に見ることができました。最初に私の思いを伝えられてよかったと思っています。

　他にも、掃除の大切さについて生徒に話をしたいと思ったとき、講座で聞いた掃除の重要性の話が思い浮びました。そこで聞いた実践例から、伝える順番や内容を真似させていただき、自分のクラスでも実践することができました。

　教師になって１年目なので、もちろんわからないことがたくさんあります。４月のうちに話しやすい先生を見つけることで、学級の話や困ったことを話したり、わからないことを聞いたりすることができています。

視点や引き出しをもっていたことで救われた

　授業や生徒指導、生徒への声かけなどで、失敗や反省はたくさんあります。ある授業で、聞く時間と話す時間のメリハリがなく、騒がしいと思うことが増えました。なぜだろうと考えたとき、「授業ルールの徹底や指示」が足りなかったという反省が私の中で挙げられました。学んだ視点を基に、原因や対策を少しずつ考えています。

　また、私のクラスは生徒たちが掲示物をつくったり飾ったりしています。周りの先生方からテンプレートをデータでいただいていたものの、印刷してラミネートする時間がありませんでした。スタプロで学んだ「子どもを頼って教室の装飾を一緒に」の言葉を思い出し、生徒たちと一緒に文字やイラストを工夫して時間割や献立表と書かれた掲示物を作成したりするようになりました。絵を描くことが好きな生徒が活躍する場面でもあります。参観日に、保護者の方から「子どもたちがつくったのですね。温かみがあって、クラスの雰囲気が出ていてよいですね」と言っていただいたこともあります。子どもに頼ることで私の時間も生み出されています。

学ぶことの楽しさを味わうことができた

　zoomへの参加や現地に足を運び、先生方の顔を見ながら学ぶことで、本やSNSよりも、教師の楽しさや思いを実感することができました。私は３月に行われた名古屋でのリアル講座のフィナーレに、宮崎から参加しました。２カ月間zoomの講座に参加して、「現地で学びたい！　講師の先生方や同期の先生方にお会いしたい！」と思っていたからです。生で痺れる講座を受けることができ、講師の先生方や同期の先生と話すことができ、学ぶ楽しさを実感しました。学ぶ楽しさを味わえたから、同僚の先生に話を聞いたり本を読んだり、今も学び続けることができています。そして、色々な場所でがんばっている仲間がいることで私もがんばろうと思うことができています。

　教師という職業は、子どもたちと笑い合ったり、できるようになったことを一緒に喜んだりするなかで、私自身も成長することのできる素敵な職業だと思います。悩むことや苦しいこともありますが、学ぶことで行動の選択肢が増えます。わかりやすい授業をするために、生徒が楽しいと思える学級をつくるために、これからも学び続けます。

（廣滝佑菜）

「１年目」を武器に、つながりを広げる

　私は、中学校１年生の担任をしています。教科は理科です。

　教員採用試験に合格し、中学生の頃から約10年間も夢として描いていた「中学校教師」に大学卒業後すぐになることができました。うれしいはずが、いざ現実として近づくと「自分には足りないところが多すぎる」「こんな状態で生徒の前に立っていいのか？」と自問自答しては、自信を喪失していく一方でした。さらに、２月に行われた採用自治体での事前研修会で「最大の生徒指導力は『授業力』」と力強く言われ、落ち込んだことを覚えています。

　不安とほんの少しのワクワクが入り混じった状態で４月を迎え、「もうここまできたらやるしかない」。そう言い聞かせ、教師生活がスタートしました。

「１年目」に対する捉え方次第

　そうは言っても、年間の流れや、各単元にどのくらい時間をかけて授業をするのかについては、教育実習や大学の講義だけでは「？？？」な状態でした。何を基に、何を考えるべきで、何をすべきなのかがわからない。どれだけ勉強しても、現場経験がない１年目というものは、想像以上にわからないことだらけでした。しかし、何もできないからとここですべてを放棄すれば、いつまで経ってもできないまま。だから私は「１年目はわからないのも下手なのも当たり前だから教えてもらおう。気にせず聞けるのも今のうち！」と、「１年目」に対する捉え方を自分の中で変えて、マイナスなものから「武器」というプラスなものにしました。

　初任者指導、教科主任、そして他教科・他学年のような私と直接関わらない先生でも関係なく、わからないことを教えてもらいました。これは「１年目だからこそ偏りなく、幅広い知識と考え方、そしてつながりをもつべき」という自分の考えを基にしています。そして、話すだけではなく、自分の空きコマは積極的に他の先生の授業観察へ行き、教育実習のときと同様に、授業の流れやICTの使い方、生徒への言葉かけや私自身の気づき・疑問点などをすべてメモ

していきました。授業後にはそのメモを印刷して、授業者のところに行き、お礼とともに質問し、授業のポイントや工夫点を教えてもらいました（図1）。それを自分の授業でやってみて、うまくいかないところは相談する。この繰り返しで授業改善をしていき、「自分の授業スタイル」を探しています。

最大の生徒指導力は「授業力」

私が事前研修会で聞いて絶望を感じた言葉ですが、本当にそうかもしれないと考えるようになりました。この「授業力」は「うまく（おもしろく）話すことができる」というだけではなく、授業規律をしっかりと確立させていたり、高い専門性で生徒を深く理解させることができたり、目の前の生徒の実態に合わせた授業内容（活動、難易度）や進め方をしていたりということも含まれていると考えます。逆に考えると、授業規律が乱れて落ち着きがない騒がしい授業や、曖昧な説明で終わらせる授業、あまりにも難しすぎる（簡単すぎる）授業をする先生に、生徒はあまりついていこうと思いません。

正直、私は頭でわかっていても実践までできていません。しかし、指導が生徒に通らないときに、「生徒が聞く耳をもたないから」と生徒の責任にする先生と、「私が○○をできていないから」と反省する先生とでは、生徒との関わり方も、自分自身の学ぶ姿勢も、成長する度合いもまったく異なってくると思います。今は引き出しが少なく、すぐに改善できないかもしれませんが、様々な先生と日頃から関わりをもち、教育に対する進め方や考えを共有していくことが重要だと考えています。

まだまだこれから

自分の実力は過信していません。だからと言って、自分に伸びる可能性がないとも思っていません。変なプライドをもたずに謙虚な姿勢で（今の生徒には少しごめんね…と思いつつ）、たくさん失敗して、ふりかえって、もう一度挑戦してみることが特に1年目では求められると思います。「初めからできる人なんていない。教師になって数ヶ月で挫折するには早すぎる。まだまだこれから！」と、落ち込んだときにはそう考えて、自分自身を奮い立たせています。

そんな私も、教師になって3ヶ月が経った夏休み前の三者面談のときにうれしいことがありました。隣のクラスの生徒の親子と廊下ですれ違い、軽く挨拶…のはずが、呼び止められ、「先生。私の娘、小学生のときは理科苦手だった

のに、先生の授業がおもしろくて理系に進みたいって言っているのです。それに、先生が憧れだから教師になることが夢だって」と、わざわざ伝えてくれました。中学時代の先生に憧れて教師になった私が、早くも自分の生徒に「憧れ」と言ってもらえたことが、夢かと思うくらいうれしい出来事でした。まだ自分で納得のいく授業ができてなかったので、少し複雑な気持ちも生まれましたが、その生徒の想いを無駄にしないためにも、自信をもって教壇に立つためにもがんばらないとな、と考えるきっかけになりました。

　最後になりましたが、スタプロというつながりは、私に学びを与えるだけでなく、「自分だけじゃない。仲間がいる。そして、サポートしてくれる先生たちがいる」という安心感を与えるものでもありました。このつながりを大切にしながら、もっと理想の教師になれるように、まだまだこれからも私は自分の可能性を信じて日々挑戦していきます。

（松本夢花）

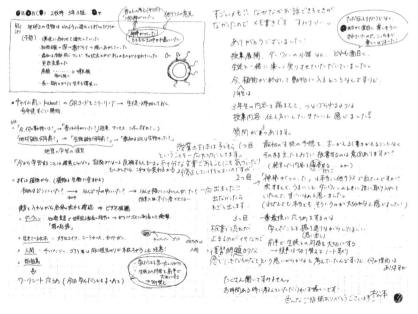

図 I　授業観察メモ

教師になってみて

　私は中学２年生の担任をしている初任者です。担当教科は理科です。

　教員になったらこんな授業をして、こんな学級経営をして……そんなことを胸に４月を迎えました。予想していたとは言え、現実は厳しいものでした。時間がない。教材研究をする時間が、子どもたちのことを考える時間がとにかくないのです。何をしてるわけでもないのに、常に何かしている。何だか忙しい。多忙感。パソコンにうとかった私は、事務作業に時間をとられっぱなしでした。でも、多くの事務作業は、時間をかけた分だけ子どものためになる、というわけではありませんでした。私の仕事には無駄が多すぎました。

事務作業の効率化

　まず私は、ショートカットキーの一覧を表にして印刷し、机の上に置きました。はじめこそ手間ですが、ショートカットキーを調べる、使うを繰り返します。よく使うものはアナログ付箋に書いてキーボードの下に貼っておき、何度も使って覚えました。

　はじめは、どんなショートカットキーがあるのかすらわかりませんでした。SNSなどで情報を集め、とりあえず保存しておいて色々試してみました。使っていくうちに覚えるものです。教育関係に限らず、ビジネス系、とくにIT関係の方のSNSからも多くを学びました。子どもの名前、学校の住所、電話番号、職員番号、教科の用語など変換に困った単語、これらをすぐ辞書登録しました。

　事務室に提出する書類は、同じことを何度も聞かずに済むように写真に撮っておきました。デスクトップの付箋に、定期的に提出する書類はいつだれに提出するかをメモして常に目につくようにしました。デスクトップを整理して、期限のあるファイルを配置する場所などを決めました。出席管理、おおまかな生徒指導、電話対応の日時はすべて同じスケジュール帳で管理しました。そして、２回探した資料はスケジュール帳に貼るようにしました。

　これらはすべてスタプロなどで自ら学んだからこそ知り得た実践です。些細

なテクニックで、多忙「感」をぐっと減らすことができました。全国の色んな先生が初任者に同じ轍を踏ませまいと、貴重な財産を共有してくれています。今日教員を目指す私たちは、それを見つけ出し、選び抜き、使い倒すことを許されています。とても恵まれた環境だと思います。

教員のやりがい

　SNSを見ると教職のマイナスな面ばかりが目につきます。マイナス発言はたくさんの共感を呼びます。教師になる前、私はSNSの悲痛な叫びに不安ばかりが掻き立てられていました。でも、マイナスばかりがリアルじゃないと、教師になって気づきました。

　スタプロに参加して、これから先生になろうとしてる人を、こんなにもあたたかく迎えようとしてくれる先生たちがいると知りました。ともに学ばんとする高い志をもった仲間が、こんなにもたくさんいると知りました。それも、全国に。

　スタプロだけではありません。職員室でも、「周りの先生にいい顔をしようと努力するくらいなら、その時間を子どものために使いなさい」。そんな熱い指導をしてくださる先生に出会えました。働きやすい職場をつくろうと、色んな立場の人が支えてくれていることに気づきました。

　そして何より、子どもは愛しいです。自分の力不足ゆえに子どもの学びの場を奪ってしまっただとか、他の先生のもとならこの子たちはもっと成長できたんじゃないかだとか、悩みは尽きません。でも、幸せな瞬間もたくさんあります。授業終わりに、勉強の苦手な子がわざわざ私のところへ来て「今日の内容はちょっと楽しかった」と言ってくれたとき。生徒との関わりで、少しだけ心を開いてくれたとき。10与えて、1とか2とか返ってきたとき、ああ、先生になれてよかったなと心から思います。

この先も先生を続けるために

　スタプロ発案者の山崎克洋先生（かつ先生）が「ここで学ぶことが絶対だと思わないで」とおっしゃっていました。

　事務作業、とくに書類関係は学校ごとの特色が強いです。一般論だけで学ぶのは困難です。

　事務作業に限らず、学級経営も生徒指導も授業づくりも絶対解はありません。

半人前な私は、優れた実践に出会うと、ついその方法に心酔しそうになります。でも、初任者がそれをそのまま真似ても、真似られない。その実践の背景を汲み取らないと、自分の実践に落とし込むことはできません。何度も失敗して学びました。多くの実践例を学ぶことは、あくまで手札を増やすことにすぎません。どの手札を切るのか、目の前の子どもに合わせた最適解を見極めるのは自分自身。その見極めができてこそ一人前なんだと思います。

　私はまだまだ修行の身ですが、少しでも「よい先生」を目指して、これからも学び、足掻き続けたいと思います。　　　　　　　　　　　　　　（尾池萌）

6章 **仕事術はじめの一歩　職員室の人間関係編** ……

7章 **仕事術はじめの一歩　部活編** ………………………

第 **1** 章

仕事術
理論編

どうして仕事術が必要なのか

仕事術を身につけることの意味

「先生の仕事は何ですか?」

と、聞かれたらみなさんは何と答えますか? おそらく、「授業」や「学級経営」と、答える方が大半だと思います。

たしかに授業や学級経営は大切な先生の仕事です。ほとんどの先生は、この2つに力を入れてお仕事をされていることと思います。

しかし、この2つ以外にも先生の仕事はものすごくたくさん存在しています。

・集めたノートにコメントを入れる
・各種書類の整理
・掲示物を飾る

などなど数秒考えるだけでも無数の仕事が、ありありと脳裏に浮かんできます。

ここ数年「働き方改革」という言葉が浸透してきています。しかし、言葉が浸透してはいるものの実感がないという先生方は非常に多く存在していると考えます。それは、「初任の先生を含む若手の先生の離職が増えている」という状況に表れているのではないでしょうか。

「もう少し仕事を減らすように先導してくれたら…」という枕詞の主語には、たいてい「文部科学省が」「教育委員会が」「管理職が」という言葉が入ります。

本来存在している仕事の量が多いのは痛いほどわかります。しかし、膨大な仕事量をこなして早めに帰宅する教員が存在しているのも事実です。

・大量に若手が離職する
・精神疾患でお休みをする先生が多い
・そもそも教員の倍率が大幅に下がっている

　これらの状況を少しでも改善するために、仕事術を身につけ、自分に余裕をもたせる働き方をしてほしいというのが、本書の願いです。

教師の仕事のはじめの一歩

　教師の仕事が多岐にわたることは皆さん知っておられると思います。

　では、教師の仕事のはじめの一歩は何でしょうか。それは、「授業」です。学級経営こそ大事なのではないですか？という意見もきっと聞こえてくると思います。「授業と学級経営は両輪」という言葉もあるほどです。

　しかし、授業と学級経営はそれぞれを切り離して考えることはできません。授業中に、「友達の意見を大切にすること」「協力して課題に向かうことの大切さ」などたくさんのことを子どもたちに教えるからです。行事だと準備を含めて数週間で終了してしまいますが、授業は１年間続きます。行事を中心に教えることを、授業で深めたり、補充したりすることも可能です。授業は、子どもたちとコミュニケーションをとる場でもあります。

　授業は、どの学年も約1000時間行われます。低学年はもう少し少ないですが、１日の大半が授業で構成されていることは、変わりありません。授業こそ学級経営を決めると言っても過言ではありません。

　残念ながら昨今の学校現場では、その最も大切な授業に時間をかけることが難しい状況が続いています。

　だからこそ、仕事術が必要になってきます。効率のよい仕事を意識することで生み出した時間を、授業の準備を主とした「子どもたちが成長すること」に活用してほしいのです。仕事術を身につけて子どもたちと笑顔いっぱいの授業をしてほしい！　そう願ってやみません。

まなぶはまねぶ

校内の先生は宝の山

　ある若手が初任の頃に「研究団体に入ったほうがいいよ」とアドバイスを受けたことがあります。そうして彼は、特別活動と算数の研究団体に入会し、実践発表や授業実践を積み重ねていきました。

　研究団体に若手が入ると指摘を受ける場合もありますが、それ以上に「がんばっているね！」とほめられます。

　そして彼は、ついつい天狗になり、「研究団体の先生の言うことが正しい！」と、校内の先生のアドバイスを聞かなくなっていきました。

　すると、当然彼に対する周囲の先生の見る目は変わっていきます。ついには、せっかくのアドバイスを拒否し、研究授業で大失敗をしてしまいます。

　この「彼」とは、私のことです。校内の先生から学ぶことに時間を割くことよりも研究団体の学びに重きを置いた結果、自ら学ぶ機会を減らしてしまいました。仕事術というよりも私の在り方がまずかったのですが、「校内の先生から学ぶことは山ほどある」という意識があれば、遠回りはせずに済んだと今でも戒めています。

上達のコツ

「どうしたら授業がうまくなれますか？」
「学級経営のコツはなんですか？」
「早く帰る秘訣を教えてください！」

　きっとこのようなことを知りたい若手の先生はたくさんいるのではないでしょうか。

　しかし、はっきり言ってしまうと近道はありません。やはりそれなりの努力は必要になります。しかし、「無駄な時間」は減らすことができます。それが、

「仕事術」の真骨頂です。

　先のページでも述べましたが、教師の仕事の一丁目一番地は授業です。授業づくりの時間を確保することが、最も大切なことであると言っても過言ではありません。

　先ほど近道はないと伝えましたが、上達するためのコツならあります。

　それは、「真似をするということ」です。

　諸説ありますが、「まなぶ」という言葉は、「まねぶ」という言葉が変化したものであるそうです。

　独特な作風で有名な画家である、サルバドール・ダリは、「何もまねしたくないなんて言っている人間は、何も作れない」という言葉を遺しています。ダリも最初は真似をして創作活動をしたのでしょう。

　創造的な作品の裏にはたくさんの真似や模倣があったはずです。これは、教師の技術の向上にも同じことが言えるでしょう。

　このように、まずは真似が出発点なのです。一流の人たちは真似がうまいとも言われます。

　私の尊敬する友人は「毎日５分でいいから、他の先生の授業を見ておいで」と、若手にアドバイスをしています。

　若手の先生方はスポンジです。どんどん吸収できます。ぜひ本書を活用して時間を生み出し、校内の先生方から学んでください。

授業準備に時間を割くために

本末転倒になってはいけない

　これまでに、教師の仕事の一丁目一番地は「授業」であると述べました。しかし、これは、「無駄な時間を削って、毎日21時、22時まで残って準備をしなさい」というメッセージではありません。

　それでは、本末転倒です。本当に納得のいく準備がしたくてたまに遅くまで残業をするというならいいですが、これが常態化していると話はちがってきます。

　「2021年度の公立学校教職員の精神疾患による病気休職者数は5,897人（0.64％）で、過去最多だったことが、文科省が12月26日に公表した人事行政状況調査で明らかになった。」
〇教育新聞，「精神疾患による教員の休職や休暇が過去最多　若い世代ほど高い割合」https://www.kyobun.co.jp/news/20221226_06/（参照2023-09-14）

　教師になって13年。何度もこのような文章を目にしてきました。2012年からは、毎年5,000人以上の精神疾患による休職者が存在し、いよいよ6,000人に届こうとしています。

　先生は、とても熱意をもっている方が多いです。だからこそ、どうしても無理をして仕事をしてしまいがちです。

　「目標感染」という言葉があります。これは、人は好きな人の真似をしたがるという意味の言葉です。子どもたちの目の前に立つ担任の先生が疲れ切った顔をしていれば、それが子どもたちに伝わります。そして、子どもが落ち着かなくなり、先生が焦り、また余裕がなくなる…という悪循環に陥ってしまいます。だからこそ余裕が大切なのです。

休むこと・頼ることは悪いことではない

「みなさんが苦手なことは何ですか？」

と、もし質問されたら、みなさんならどう答えますか？

　私がセミナー講師として実際に聞いてみたところ、以下のような答えがたくさん返ってきました。

・手を抜くこと

・妥協すること

・断ること

　きっとこの本を読んでくださっているみなさんも、このような回答が頭の中に思い浮かんだのではないでしょうか。

　みなさんよくわかっているのです。日本の先生は、

・休むこと

・頼ること

　この2つが本当に苦手です。

　特に若手の先生は、知識と経験がどうしても不足します。

・仕事を減らすと、学級が崩れるかも…

・休日に学ばなくなると自分の力が落ちるかも…

・人に頼ると、先輩に迷惑がかかるかも…

　このような考えに陥りがちです。

　しかし、先ほどの目標感染の言葉を思い出してほしいです。疲れ切った顔で教壇に立つことこそ、子どもたちにとって大きなマイナスの影響をもたらしてしまいがちです。

　余裕をもって教壇に立つことが、いい授業・いい学級をつくるために最も大切なことです。

　本書には「先輩や上司、同僚との接し方」の項目を設けています。同僚の先生方の授業や学級経営は、若手の先生にとって「宝物」です。みなさんの能力を高める絶好の機会です。

　だからこそ、ぜひ同僚の先生の力を借りて、素敵な教師生活を送ってほしいと願っています。

仕事ができる人ほど
人に頼っている

一人で担任をする時代は終わった

「熱意は伝わる」
このような言葉を聞いたことがあるかと思います。

しかし、熱意だけで何事もうまくいくわけではありません。

「みなさん。すでに一人で担任する時代は終わりました」

とある特別活動の研修会にて、講師の先生がおっしゃった言葉です。これは、すでに5年以上前の言葉です。この頃はまだコロナウイルスの影響もなく、従来の教育活動が行われていました。

現在、元々困難だとされていた学級担任は複雑さを極め、より困難なものへと変貌を遂げています。

コロナ禍では、さらにコロナウイルスへの対応が加わりました。その他にも、ヤングケアラーへの対応、増える外国人国籍の児童への対応、ギフテッドの児童への対応などなど…教員に求められることは複雑化する一方です。

ダイバーシティという言葉が広く一般化したことで、

・発達障害の一般的な認知
・特別支援学級への理解
・学習の個性化

など、教育にとって喜ばしい面もたくさんありました。反面、

・保護者からの過大な要求
・保護者の影響を大きく受けた子どもたちの言動

など、学校教育の困難さが増すような状況も増えてきたように思います。本当

に様々なケースに柔軟に対応することが求められる現場なのです。そんな状況の中、一人で担任をするというのは、非常に厳しいものがあります。

　「仕事ができる」と言われる人こそ、うまく人に頼り、時間を生み出し、授業を充実させたり、余裕を生み出したりしているのです。私は帰る時間がかなり早いです。主に意識している点は以下の通りです。

・苦手な部分は極力助けてもらうようにした
・助けてもらう代わりに自分の得意な点で貢献するようにした
・自己満足だけで行っている仕事は、思い切ってやめた

　ではこの３点について、実際にどんなことをしているのか、ざっと例を挙げてみます。

・学年全体で行う授業は、担当を決めた（私は自分の得意な総合を担当し、隣のクラスの担任は、得意な体育を担当）
・学級それぞれで行う授業も、「学年内専科」として担当を決めた（私が５年生２クラスの音楽を担当し、隣のクラスの担任が家庭科を担当）
・学年会計を支援学級の先生にお任せした（その代わり私は、学年通信の文章を作成。時数は、隣のクラスの担任にお願いした）
・学年の打ち合わせは、基本的に確認のみで５分で終わらせる
・家庭学習のコメントの日を減らした（月曜はスタンプ。水曜はシール。木曜は友達同士でコメントし合う、などにした）
・生徒指導が起きたときは、学年で対応した
・学級掲示は子どもたちが主に作成
・お互いにリフレッシュ休暇日を決め、休んだ（補欠は極力学年対応にし、補欠の負担を減らした）

　すべてを挙げることはできませんでしたが、このような対策を行いました。13年間担任を続けてこられたのも、私は人に助けられているからだと思っています。だからこそ、人に頼ることを大切にしてほしいです。人に頼り、協力することも立派な仕事術です。

先生が幸せでいることが 最高の授業

先生の姿に勝る授業はない

「だれかに微笑みかけること、それは愛の表現であり、その人への素晴らしい贈り物になる美しいものです」

これは、マザーテレサが遺した言葉です。

この言葉の「だれか」を「子どもたち」に置き換えると、

「子どもたちに微笑みかけること、それは愛の表現であり、その人への素晴らしい贈り物になる美しいものです」となります。

教師が子どもたちの前に立ち、笑顔でいること、幸せでいること自体が子どもたちへの最高の贈り物であり、授業であるとも言えます。

「健全な精神は健全な肉体に宿る」と言います。

肉体が疲弊していては、精神は健康になりません。逆に、精神が疲弊していても健全な肉体にはなりません。

先生の姿に勝る授業はありません。特に休日や長期休業中は、思いっきり自分本位に過ごしてください。

授業がうまくなりたかったら…

「先生！　映画の１本でも観に行ってきなよ！　そしたら授業がうまくなるから」

　これは、私が初任３年目のときに、とある有名実践家の先生に言われた一言です。今思い返せば、「しっかりとリフレッシュし、様々な経験をして、笑顔で教壇に立ちなさい」というメッセージであったと理解できます。

　しかし、当時の私は「それよりも読書！　セミナー！」と、とにかく外部から知識をインプットするということばかり優先していました。

　当時は少年団を受けもっていたということもあり、土日は少年団の後にセミナーや読書をしていました。すると、どんどん疲れが溜まっていきます。

　いつの間にか、眠い目をこすりながら教壇に立って授業をしていました。

　「先生今日はイライラしているね」と、当時担任していた３年生の子どもたちに言われてしまうこともありました。

　「授業力を上げる」ということは、指導技術を知ったり、膨大な論文を読んだり、セミナーに出て新たな知識を読むことだけではありません。

・旅行に行き、様々な経験をする
・家族や恋人と幸せな時間を過ごす
・趣味に没頭する
・おいしいものを食べる

　これらの経験は、子どもたちに語ることができます。うれしかったこと、悲しかったこと、喜んだこと…我々教員は、自分たちが心動かされたことを人に伝えられる尊い仕事です。

　人間の幅を広げる経験も立派な授業力を上げるための時間となります。

　だからこそ、特に若手の先生にこそ、時間術を磨き、自分のために時間を割くことを惜しまないでほしいと願っています。

第 **2** 章

仕事術はじめの一歩
授業編

指導書通りに
できなくてもいい

　教員 1 年目の 4 月。私は焦っていました。

　「隣の先生の授業の方が確実におもしろい」「発問が下手で子どもを困らせている」自分の授業力の未熟さをすぐに実感したからです。自分が担任している子どもたちに申し訳ないと思っていました。

　「どうにかして授業力のなさを補わなきゃ…」自分の至らなさを埋めるのに毎日必死でした。夜遅く退勤、朝早く出勤、時間を惜しまず教材づくりなどに取り組みました。

　そんなとき、隣のクラスの先生が声をかけてくれました。

　「まだ 1 年目でしょ？　授業もうまくいかなくて当然だよ。焦らなくて大丈夫。まずは、指導書通りにやってごらん。指導書通りに流せたら十分だから」

　なんだか肩の荷が下りるようでした。大学の演習や教育実習では、研究授業をしたり、指導案を考えたりすることに重きを置いていたため、自分で考えなければよい授業はできないと思い込んでいたのです。このとき初めて「指導書通りでいいんだ」と気づくことができました。私は指導書通りに授業することならできる気がして、とにかく指導書を読み込みました。

しかし、「あれ？　意味はわかるけど、イメージが湧かない…」

《指導書によく書いてある授業の流れ　―例：国語―》
１．初発の感想を書く
２．物語の場所に着目し、場面分けをする
３．初発の感想を生かし、学習問題・学習計画を立てる　…（以下略）

　「初発の感想を生かし、学習計画を立てる、って具体的にどうすればいいの？」
　このように指導書通りに進めようと思っても、具体的な発問はわからず、イメージが湧かなかったのです。そんな状態でも授業はしなきゃいけません。具体的なイメージが湧かないままの授業。うまくいくはずもありませんでした。
　「指導書通りの授業すらできないのか…」自分の力のなさに涙が溢れました。
　ある日、隣のクラスの授業を観た後の先輩の一言で、また私は救われました。
私　「指導書２時間目ですよね？　ここの部分はなんて発問していましたか？」
先輩「ここ意味わかんないよね！　だから、無理せずカットした！笑」
私　「えっ！　カット！？」
先輩「だって俺より頭のいい人が指導書を書いているんだから、全部できなくて当然でしょ。自分の力に合った形に変えた方が、子どもも楽しいからね」
　「指導書通りにできなくて当然なんだ」また肩の荷が下りました。自分の力量を認め、目の前の子どもたちのために授業を考える。指導書は、そのために使うただの道具。このように、自分や子どもと向き合い、試行錯誤を積み重ね、子どもと共に教師も成長していけばいい。今は心からそう思えます。

まとめ

・指導書通りに授業してもいい
・指導書通りに授業できなくてもいい
教師が自分の力を把握し、目の前の子どものことを思って授業する。
教材と向き合うのではなく、ヒト（自分や子ども）と向き合う。

学習指導要領は、
毎日使える授業書

　この本を手に取られている方は、勉強熱心です。他にも授業の進め方が載っている教育書等を読んでいる方も多いと思います。

　では『学習指導要領』及び『学習指導要領解説』（以下：解説と表記）は、日頃読んでいるでしょうか？
・モノクロで、文字だけで、見る気にならない
・ページ数も多いし、どこに何が書いてあるかわからない
・日常で学習指導要領を読むほど、余裕はない
採用試験や、研究授業の指導案づくりの際には活用しても、日常の授業で活用している人はそう多くないでしょう。

　それは勿体ない！　なぜなら、日常の授業でこそ使えるからです！
　ここでは、日常で『解説』を活用するための３ステップをお伝えします。
（先に結論をお伝えすると、読むのはたった１〜３ページです）

ステップ 1 「教科の目標」で、進む先のイメージをもつ

　各教科の目標はその教科を通して、小学校６年間でどのような力を育むのかを示したもので、教科の目指すゴールとも言えます（３つの柱「知識・技能」「思考力・判断力・表現力」「学びに向かう力・人間性など」各々について目標が載っている）。山頂を知らないまま登山はしないですよね。どんなによい学習も活動も、目標・目的がなければよりよい授業にはなりません。

　最初は大体でいいです。教科の目標を読んで、イメージをつかみましょう。
※教科の目標は、解説の２章１節に記載されていることが多い

ステップ 2 「学年の目標」の間違い探しで、ポイントをつかむ

　次に、担当する学年で育む力を確認します。登山でいう「〇合目」だと思ってください。ここでは間違い探しをします。
　たとえば、国語科「思・判・表」の目標を見比べてみてください。
中学年：「筋道立て〜〜自分の思いや考えをまとめることができるようにする」
高学年：「筋道立て〜〜自分の思いや考えを広げることができるようにする」
　なんと一か所しか変わらないのです。ここが該当学年のポイントになります。「考えをまとめる」ことを目指した授業。「考えを広げる」ことを目指した授業。具体的でなくても、なんとなく授業のイメージが湧いてきませんか？
　学年の目標を読み、前後の学年と比べることで、担当する学年の授業で育むポイントをつかみましょう。
※学年の目標は、解説の２章２節に記載されていることが多い

ステップ 3 該当する内容の「枠の中」と「枠の下」を読み、授業を考える

　最後に、該当する内容を読みます。明日の授業を考える具体的なヒントが詰まっている部分です。社会編を例題に説明していきます。

ア　次のような知識及び技能を身に付けること。
　(ウ)　貴族の生活や文化を手掛かりに，日本風の文化が生まれたことを理解すること。(知識)
　(エ)　遺跡や文化財，地図や年表などの資料で調べ，まとめること。(技能)
イ　次のような思考力，判断力，表現力等を身に付けること。
　(ア)　世の中の様子，人物の働きや代表的な文化遺産などに着目して，我が国の歴史上の主な事象を捉え，我が国の歴史の展開を考えるとともに，歴史を学ぶ意味を考え，表現すること。(思考力・判断力・表現力)

①

・
・
・

イの(ア)は，「思考力，判断力，表現力等」に関わる事項である。
　ここでは，社会的事象の見方・考え方を働かせ，例えば，貴族はどのような生活をしていたか，どのような作品を残したかなどの問いを設けて，この頃の貴族の服装や建物，日常の生活や行事などの様子や紫式部や清少納言の作品について調べ，これらの事象を関連付けたり総合したりして，この頃の文化の特色を考え，文章で記述したり説明したりすることが考えられる。

②

　実際の指導に当たっては，例えば，十二単や貴族の服装などから貴族の生活の様子を想像する学習，寝殿造の屋敷における貴族の生活の様子を調べる学習，当時の貴族が行っていた，現在にまで受け継がれている年中行事を調べる学習などが考えられる。

③

【社会編】小学校学習指導要領（平成29年告示）解説　p.113〜114

　①の部分が「枠の中」です。この枠の中は、学習指導要領に記載されている内容です。単元で目指す目標と思ってください。「知識」「技能」「思考力・判断力・表現力」それぞれについて記されています（教科によって異なります）。重複しますが、どんな学習も活動も目標・目的がなければ、よりよい授業にはならないので、この枠の中は必ず確認しましょう。

　②と③の部分が「枠の下」です（「思考力・判断力・表現力」の部分のみ抜粋）。
　②の文章の下線部に注目してください。なんと、本単元における「問いの設

け方」「調べる内容」「学習のまとめ方」の例題が書かれているのです。たった５行で単元の進め方を教えてくれているのです。最も短くまとめてくれている授業書といっても過言ではありません。

　さらに、③の部分では「実際の指導に当たっては〜〜」と、授業のイメージを具体化してくれます。たとえば、「日常の生活や行事などの様子」をより具体化して「寝殿造の屋敷における貴族の生活の様子」と視点を絞ってくれます。

　授業のイメージが湧いてきそうじゃないですか？　少なくとも、この部分に目を通した上で指導書を読むと、これまでと質が変わってくるはずです。

　最後に「枠の下」で複数回出てくる、ある表現に注目してください。

　「例えば〜〜考えられる」という表現です。そうです。あくまで枠の下に記載されているのは、学習の例題を示してくれているだけなのです。

　なぜなら『解説』だからです。学習指導要領に書いてある目標（枠の中）だけだと授業のイメージが湧きづらい。だからこそ、全国の先生が授業できるよう、子どもを育めるよう『解説』が教科ごとにつくられています。『解説』は、現役の教諭や研究者が英知を結集させた、先生を支える味方なのです。

　学習指導要領及び解説が「指導案のために、読まなきゃいけないもの」ではなく「日々の授業のために読みたいもの」になるきっかけになれたら幸いです。

　※本書では、ハードルを下げていただく入り口として３ステップのみ記しています。読み慣れてきたら、ぜひ他の部分も読んでみてください。

チェックリスト

日常で『学習指導要領 解説』を活用する３ステップ

☐ 「教科の目標」で、進む先のイメージをもつ

☐ 「学年の目標」の間違い探しで、ポイントをつかむ

☐ 該当する内容の「枠の中」と「枠の下」を読み、授業を考える

先生の先生は、すぐとなりに

　教科書通りに授業ができない。でも、教科書を頼りに授業を進めなければいけない…。これは、息苦しくないですか?

　しかし、心配しないでください。学校は一人で学ぶ場所ではありません。それは、子どもだけでなく、先生にも同じことが言えます。職員室の中で周りを見渡せば、あなたより経験の長いプロフェッショナルが、そこかしこにいます。

　とはいえ、教科書や指導書を見て考えても、何を質問したらいいかわからないかもしれません。そこで、以下に質問の例を示します。

　<授業を形にするための質問>
　　・1時間の授業はどう進めたらいいですか?
　　・黒板のどこに何を書けばいいですか?
　　・この時間の中心となる活動はどんなものがいいでしょうか?

　<自分がやりたいことがはっきりしている場合の質問>
　　・話し合いをする時間をつくりたいのですが、どうすればいいですか?
　　・○○という教材を使いたいのですが、取り入れられますか?

　<授業との向き合い方について>　※時間に余裕があるときに
　　・教材研究は、どのようにしていますか?
　　・授業を組み立てるときは、何から考えますか?

　教材に関する質問以外でも、発言のさせ方や問い返しの言葉など、指導技術に関することも併せて質問していくと、授業のイメージも深まります。自分の授業の形そのものに不安がある場合は、実際に授業を見てもらってアドバイスをもらうという方法もあります。

　学校の先生は、「教え好き」「話好き」が多いです。相手のリアクションを見

ながらにはなりますが、基本的に遠慮なく聞いていきましょう。初任者が成長することは職場全体にとっても必ずプラスになります。自分が質問をすることで、職場全体にとってプラスになると考えると、「質問して申し訳ない」という気持ちも薄れると思います。もちろん、質問相手への感謝を忘れてはいけませんが、申し訳なく思う必要はありません。

　また、質問をしていく中で「この先生を参考にしたい」というロールモデルを見つけることも大切です。授業には、その先生の「教員という仕事」に対する哲学が最も表れる場所でもあります。
　授業の組み立て方、教材への考え方といった授業に関わることから始まり、仕事との向き合い方、組織の中での立ち回り方など、学ぶべきところは無数にあります。特に１年目は、周囲の先生の立ち居振る舞いから学ぶことが多いと思いますので、聞いて学び、見て学んでいってください。

まとめ

困ったら、「困った！」とどんどん発信しましょう。具体的に質問できれば、さらにgood!　遠慮せずに質問することが何より大切です。

職員室こそ、一番学べる場

「教師として成長したいけど、どこで学べばいいのかわからない」

　教育書を買ってみたり、校外の研修に参加してみたり、研究授業を見に行ったり…若手のとき、私は様々な方法で学び方を模索していました。このときの学びは、確実に今に生きていてかけがえのないものです。

　しかし、最も学べた場所は、日常の現場でした。職場の先生方の姿こそ、教師力向上の原石だったのです。灯台下暗しとはよく言ったものです。

　イメージが湧きやすいよう、いくつかエピソードをご紹介します。職場の方をイメージしながら読んでみてください。

1．在り方を教えてくれた若手のＡ先生

　ある日の放課後。職員室で仕事中に、震度３程度の地震が起きました。私を含み、ほとんどの先生が、揺れる電球のひもを見上げて様子を見ていました。しかし、Ａ先生はちがいました。職員室の出口の確保に動いたのです。鬼気迫るものを感じる真剣な表情でした。

　私は、自分が恥ずかしくなりました。避難訓練で子どもに「命を守る練習です！　本気でイメージして臨みなさい！」といつもよりも厳しい姿勢を示していたにも関わらず、本当に地震があった瞬間に傍観者になっていたからです。子どもたちに指導していることを、自分は実践しようともしていないことに気づいたのです。

　私は、この日以来、子どもに指導することは、自分にも問うようにしています。「自分は日頃からできているか？　その姿を見せられているか？」と。すると、当たり前のもつ難しさに気づき、子どもに寄り添った指導に自然と変化していきました。また、子どもと縦の関係ではなく、横の関係を紡げるようになってきました。

　教師としてではなく、人としての在り方が、学級を変えることをＡ先生に学ばせていただきました（まだまだ未熟で、絶賛成長中ですが笑）。

2．待つ大切さを教えてくれた中堅のＢ先生

　異動して６年生の学年主任となったＢ先生。Ｂ先生の担当するクラスは、５年生のときに、不満のたまった状態の子どもが多いクラスでした。廊下で野球をして授業に参加しなかったり、先生への暴言があったりしたため、Ｂ先生はいわゆる立て直しの重責を授かっていたのです。Ｂ先生がどのように子どもを抑えていくのか、どのくらい厳しく指導するのか、ドキドキして新年度を迎えました。

　しかし、Ｂ先生の姿勢は想像とは別物でした。荒れている子どもたちをただ見て待つ。休み時間の後、着席せずに授業が始まらない状態を20分以上待ち続けているときもありました。

　Ｂ先生は、「あの子たちのエネルギーを正しい方に使ってほしい」と毎日のように言っていました。「あの子たちをどう抑えるか」ではなく、「あの子たち

の力をどう生かすか」という考え方だったのです。授業もそれを体現したような子ども主体の授業で、1年を通して子どもたちはどんどん成長していきました。

　私はB先生から、子どもの力を生かそうとするマインド、長期の目で子どもの成長を設計する視点、本気で信じて待つ「覚悟」など多くのことを学びました。

3．子どもを真ん中にするベテランのC先生

　C先生は、50代中盤のベテランです。経験も知識も豊富で、質問すると授業のアドバイスもしてくださる最高の先生でした。何よりも素晴らしいのは、子どもを真ん中にして教師としての立ち振る舞いを変えられる柔軟性です。

　ある年、C先生が6年生で担当したクラスは、子どもたちが大人に対して懐疑心を抱く雰囲気が渦巻き、明るく問いかけても反応のないクラスでした。その年、C先生はとにかく子どもと全力で遊んでいました。年齢を厭わず、全速力で6年生と鬼ごっこをする姿に、感動したのを今でも覚えています。子どもたちは徐々に笑顔を取り戻し、時間をかけてクラスに彩が生まれていきました。

　次の年にC先生が担当したクラスは、エネルギー溢れる3年生でした。やる気満々で素敵な子たちですが、そのエネルギー故、友達同士のケンカも毎日。殴り合うようなケンカも珍しくありませんでした。その年、C先生は休み時間は、常に教室にいました。なぜなら、トラブルをいつでも解決できる体制を整えるためです。また、同じ学年の若い先生が休み時間を使って子どもと関係を築けるよう、「学年のフロアは任せて」と譲っていたのです。クラスの子だけでなく、学年の先生と子ども全体のよりよい体制を考えていたのです。

　私はC先生から、子どもを常に真ん中にして自分の指導を柔軟に変えること、クラスだけでなく、学年・学校の先生であるという自覚を学ばせていただきました。

4．子ども視点の養護教諭D先生

　初任のときにお世話になった養護教諭のD先生は、厳しく温かい人でした。

　ある日、D先生に「子どものこと、一人ひとり呼名して健康観察している？」と聞かれたとき、私はドキッとしました。特別日程で朝の時間がないときなど、全体で確認して済ませることもあったからです。D先生は「健康観察くらい一

人ひとりの目を見て呼んであげなよ。先生からしたら毎日見ている気になっていても、1日終わったときに目を合わせてしゃべる機会がなく帰る子が案外いるもんだよ」と教えてくださいました。本当にその通りだと思いました。

　その日から、健康観察の呼名だった時間が、一人ひとりを愛おしく見る時間に質が変わった感覚がありました。私はD先生から「子どもたち」ではなく「子ども一人ひとり」の視点を考える大切さを学ばせていただきました。

　（※ここで伝えたいのは、健康観察を呼名でやるべきという話ではありません）

　まだまだ語り切れない程のエピソードがあります。すべてが宝物です。

　しかし、ここまで読んで「私の職場にもそういう先生がいたらいいのに」と思った人もいるかもしれません。その方には、こちらの言葉を紹介します。

『発見の旅とは、新しい景色を探す事ではない。新しい目で見る事なのだ』

（作家：マルセル・プルースト）

「美しさを見つける新しい目」が必要なのです。

　「そういう先生がいたらいいのに」と思うときは、もしかしたら、

・心に余裕がなくて、視界が曇っているのかもしれません
・イラついていて、暗さを見つける目になっちゃっているかもしれません
・一部の先生を尊敬するあまり、他の方の美しさに気づきづらいのかもしれません

　周りを変えることはできませんが、自分の見方を変えることはできます。

　この本を手に取られたやる気ある素敵なみなさんなら、職場でたくさんの美しさを見つけられるはずです。だって私たちは、子どものよいところを見つけるプロですから。

> **ま と め**
> ・職場の先生方の姿こそ、教師力向上の原石
> ・原石が見つからないときは「美しさを見つける新しい目」で見てみる
> 　（疲れていると難しいから、まずは自分を休めることも大切に）

一緒に教材研究してしまおう

「自分がわかってないことが何かもわからない…」
「相談したいけど、何を質問したらいいのかもわからない…」
「学年の仕事もたくさんやってくださっている。授業位自分で考えなきゃ…」

　他の先生に授業の相談をしたいと思っていても、相談できずに困ったことはありませんか？（私はあります！笑）
　そんな方にオススメの方法が、他の先生と一緒に教材研究をしてしまうことです。そうすれば、その先生も教える時間を追加でとる必要がなくなり、さらに授業の進め方の裏にあるマインドまで学べます。

　一緒に教材研究するために、私が意識したことをお伝えします。
　ただし、みなさんに合ったコミュニケーションのとり方、相談したい先生の性格によって、最適解は変わります。あくまで参考としてお読みください。

隣の先生が授業を考える前or最中に声をかける

たとえば「来月の○○単元の授業を考えているのですが、先生の授業の進め方を伺いたいので、教材研究されるタイミングで一緒に学ばせていただいてもいいですか？」というように、教材研究を一緒にする予約をしておきます。そうすれば、一緒に教材研究してくれる、もしくは、「私はこうしようと思っているよ」というアドバイスはくださるはずです。

事前予約が難しい場合、隣の先生が教材研究をしているタイミングで「一緒に授業を考えさせていただいていいですか？」と聞けばOKです。

どちらも難しい場合、相手の先生の時間を大切に思うリスペクトをもった提案であればきっと大丈夫です。隣の先生の教材研究のタイミングに合わせるのは、リスペクトの気持ちを示す手段として提案していると思ってください。

具体的な発問の仕方も聞いてみる

先輩の先生は、単元及び授業の「導入」「展開」「まとめ」の大まかな流れを決めておけば授業ができるかもしれません。そんな先輩と教材研究をしていると自分もそれで授業ができる気になってしまうものです。

しかし、そこは一歩踏み込みましょう。

自分なら授業中になんて発問するか、考えてみてください。もし具体的なセリフがスッと頭に浮かばなかったら「先生はここの問いの部分、実際にどういう風に聞きますか？」と実際の授業で口にするセリフを聞いてみましょう。

最後に、先生も人ですから、相性の合う・合わないは少なからずあると思います。しかし、教材研究はどんな先生にとっても共通言語です。学年団のコミュニケーションの機会にすることもできます。ぜひトライしてみてください。

まとめ

リスペクトの気持ちで、納得いくまで質問しながら、一緒に教材研究しよう。

よい実践は追試しよう

「追試」という言葉をご存知でしょうか？

追試とは、他の先生の実践を、同じように行うことです。

授業はもちろん、学級経営の小ネタや仕事術など、様々なことを追試することができます。また、自分なりにアレンジして追試することを「修正追試」と言います。

若い頃は、多くの実践を追試することをおすすめします。

芸事とスポーツの世界では「守・破・離」という上達論があります。

とにかく、最初は黙って師匠の物まねをします。教えられたその通りにします。このレベルが「守」です。

次は、師匠から学んだことに対して独自のアプローチを試みることで、新しいアイデアに挑戦したくなります。これが「破」の段階です。

「守」「破」の経験を通じて、独自のスタイルを築き上げていく段階が「離」です。

追試は、「守・破・離」の「守」に該当します。

よい授業を追試することにより、「このような指示の出し方をすれば子どもたちに理解される」とか「このような発問をすれば議論が活性化する」といった型が見えてきます。

これらの型を自然に使いこなすことができるようになったら、独自にアレンジしていけばいいのです。

ただし、最初から、アレンジすることはおすすめしません。なぜなら、実践の要素を変えることで、授業の効果が損なわれることがあるからです。

たとえば、元実践の指示や発問を、よかれと思って変更したため、授業が機能しなくなることが往々にしてあります。

そのため、元実践の指示や発問はもちろん、間の取り方や指名の仕方など、

できる限りそのままに、忠実に行うことをおすすめします。

　これを料理に例えてみましょう。

　あなたは料理があまり得意ではありませんが、友達を家に招いて、手料理を振る舞うことになったとします。

　その場合、あなたはおそらく、料理サイトや料理本からレシピを見つけてくると思います。

　そして、レシピ通りに料理することで、友達を喜ばす美味しい料理ができることでしょう。

　一方、経験が浅いうちにアレンジしてしまうと、うまくいかないと思います。

　レシピ通りに料理していくと、「醤油とみりんをこの割合で混ぜると美味しい」「肉の焼き加減はこの程度がよい」など、型が見えてきます。

　レシピ通りに行うことにより美味しい料理ができることと、忠実に追試することがよい授業につながることは、同じことだと思います。

　では、追試する実践は、どこから見つけることができるのでしょうか。

　最も手っ取り早いのは、職場の先輩の実践を追試することです。

　「授業を見せていただけませんか？」「○○の方法を教えていただけませんか？」と頼んで、実際の授業を参観してみましょう。

　学外のセミナーに参加することもおすすめします。そこでは、優れた講師による高品質な授業を目にすることができます。

　また、本を購入することも一つの方法です。実際の授業指示や質問が詳細に記載されている教育書が数多く存在します。

まとめ

　様々な実践を追試することで、自身の教育スタイルを豊かにしていきましょう。他の先生の手本に学び、その後に独自のアレンジを試みることで、よりよい授業を実現する道が開かれることでしょう。

飛び込まれ授業大歓迎

　発問すると勢いよく子どもたちの手が挙がり、指名された子はうれしそうに立ちます。発表が終わると、また多くの子どもたちが手を挙げ、指名されたくて椅子から立ち上がりそうな子もいました。ノートに書くときは、さっきまでの活気が息を潜め、水を打ったような静けさが訪れ、誰もしゃべりません。

　これは、私が初任の頃、私の教室で行われた授業の様子です。

　ただし、私が行った授業ではありません。

　別の学校から来られた先生が、私の教室を使って授業してくださったのです。つまり、「飛び込み授業」をしてくださったということです。

　普段の授業の様子とあまりにかけ離れていたので、「授業する人がちがうだけで、ここまでちがう学級になるのか」と心底驚いたのを覚えています。自分の学級に「飛び込まれて」授業を見るのはさらに大きな学びになるとそのとき感じました。

　そのときから、校内の数名の先生に「飛び込まれ授業」をお願いするようになりました（同じように、別の先生の授業を見せてもらうこともありました）。

　飛び込まれ授業の利点を２つだけ書きます（もっともっとありますが）。

　第一にうまい授業を肌で感じることができます。放課後に授業のコツを教えてもらうだけでは、授業はイメージしにくいものです。やはり一番よいのは実際に見ることです。話を聞くよりも何倍も効果があります。

　第二にクラスの子どもたちでうまい授業を客観的に見ることができます。授業を後ろから見ることはほとんどありません。前からだと見落としていたことがよく見えます。

ステップ 1 まずは、授業のことをできるだけ具体的に質問する

　漢字の指導法、音読の指導、算数Ｐ〇の指導など。

ステップ 2 感謝を伝えた後に、実際に見せてくれませんかとお願いする

実際にはこのようなことを言います。

「本当に参考になりました。ただ、この場だけだとどうしてもイメージしきれていない部分があります。本気で身につけたいので、もしよろしければ、うちのクラスで実際にやってみてもらえませんか？」

ここで承諾が得られたら、日程を調整していよいよ授業をしてもらいましょう。授業をしてもらうのは、5分〜10分の授業のパーツだけでもOKです。

ステップ 3 授業をしてもらう

授業をしてもらっているときは、必ずメモを取りましょう。視点をもって授業を見せてもらうとよいです。たとえば、ほめ言葉、立ち位置、目線、教師の指示、板書などです。

ステップ 4 授業のメモをもって放課後にお話しに行く

どうしようもない理由がない限り、その日のうちに話しかけに行きましょう。授業中に取ったメモを見てもらい、気になったところを質問します。

ステップ 5 お礼を伝える

今回なら、事前に相談に乗ってもらったこと、授業を考えてもらったこと、授業時間を自分のためにつくってもらったことなどです。授業を見せてもらえることは本当に有り難いことです。

まとめ

自分のクラスで授業してもらうのは初任や若手ならではの特権です。「授業をしてください」と言っても、忙しいので断られることもあります。ほとんど実現しないと思って、ダメ元で提案してみましょう。

ICTをフル活用する

「Canva」「Kahoot!」「Notion」という、授業や仕事の効率化に役立つ３つのアプリを紹介します。これらのアプリはブラウザ上で利用できるため、自治体などでの導入も手間なく始められます。また、直感的に操作できますので、仕事で初めてタブレットを使う初任の方でも簡単に使うことができます。

1．Canva

Canvaは、プレゼンテーション作成やポスター制作、動画編集など、多岐にわたる用途に活用できる多機能なアプリです。豊富なテンプレートや素材、フォントが提供されており、これらを活用してプレゼンテーションやポスターを簡単かつスタイリッシュに作成できます。

０から始める必要がないため、短時間でクオリティの高い成果物を制作できます。

下の左側の画像はCanvaのテンプレートです。

右側の画像は、そのテンプレートを使用して私が作成したポスターです。

お雑煮の画像を使用したいとき、他のアプリを使うと外部サイトから画像を探す手間がかかりますが、Canvaには多くの素材が用意されており、「雑煮」

と検索すれば多数の画像を見つけることができます。

　さらに、クラウド上にデータが保存されているため、子どもたちは同時にデータを編集できる他、相互に作業内容を確認したり、フィードバックを行ったりすることも可能です。

2．Kahoot!

　Kahoot!は、教育用クイズアプリです。教師はクイズ（問題）を画面に表示し、子どもたちは手元のタブレットで4択の解答を行います。正解に早く答えたほうが高得点を獲得できるゲーム性があり、非常に楽しく参加できます。

　クイズに答えるだけでなく、本格的なアニメーション、BGM、ランキング形式などの要素が加わり、子どもたちを魅了します。

3．Notion

　Notionは、メモやタスク管理、ドキュメント管理など、仕事で使用する様々なツールを一つに統合したアプリケーションです。

　私は主にメモ機能を利用しています。Notionのデータはクラウド上に保存されるため、タブレットやPCなど、様々なデバイスからアクセスできます。実際、この原稿の下書きもNotionで行っており、家のパソコンで執筆し、空いた時間にスマートフォンやタブレットで確認や修正を行っています。

　学校では、子どもたちの成果やよい姿をメモに残し、それを基に所見文を作成するなどの活用が可能です。

　その他、学級通信の下書き、To do リスト、教材の保存、授業のアイデアがひらめいたらメモをするなど、様々な用途に活用することができ、私にとってなくてはならないアプリです。

まとめ

ICTを活用することで、授業や仕事の方法が大きく変わります。新たなツールやアプリケーションを取り入れることで、効率的な教育や業務が可能となります。

【参考図書：さる先生の「全部ギガでやろう！」坂本良晶　学陽書房(2023)】

使える教材研究のサイト

　初任者のとき、一番時間がかかった仕事が教材研究でした。一つの授業をつくるのに何時間もかけることが多かったです。

　そんな孤独な教材研究も、今の時代たくさんの便利なサイトを活用することで、一気に時間を短縮することができます。

　ただし、気をつけてほしいのは、書籍などとは異なり、実践としての信用度は落ちる部分もあります。しっかりと、自分の学級の子どもたちの実態と照らし合わせながら、使える授業実践を考えながら取り入れてみてください。

　ここでは、使える教材研究のサイトを7種類紹介します。

使えるサイト1　TOSSランド

　20年以上歴史のある教育ポータルサイトです。すぐに追試がしやすい形で書かれた教育実践が多数あります。私は、武田晃治先生の国語実践をよく参考にしています。

使えるサイト2　フォレスタネット

　フォレスタネットの会員になっている人が自由に教育情報を発信できる教育総合サイトです。無料の会員登録で40万件以上の実践を閲覧可能です。最近ではYouTubeも配信しています。

使えるサイト3　EDUPEDIA

　「頑張る先生を応援したい」というスローガンのもと、先生のための教育辞典として、たくさんの実践が掲載されています。教材研究以外の教育情報も知ることができるサイトです。

使えるサイト4　優元先生の「優元実行」

　授業開きや授業参観で使えるネタなどを多数配信している教育系YouTubeで

す。授業はもちろん、学級経営に関しての発信も参考になるものが多いです。レクネタの動画もすぐに役立つものが多いです。

使えるサイト5　村野聡チャンネル

　東京で公立小学校教員を34年やられていた先生のチャンネルです。私も学級を参観したことがありますが、素晴らしい授業をされる方です。教材開発のスペシャリストで、作文指導や国語に関しての動画が参考になります。

使えるサイト6　みんなの教育技術

　90余年のバックグラウンドをもつ小学館の教師応援誌『教育技術』を母体とした、小学校教員のための教育情報メディアです。有名な先生方の各教科、学年ごとの実践記事を読むことができます。有料記事もあり、役立つものが多いです。

使えるサイト7　熊本市教育センター

　タブレット端末を活用して授業をつくる際に、大変役立つ授業コンテンツがたくさん用意されているサイトです。特に、算数のコンテンツが充実しているので、授業でよく使っています。

まとめ

　教育実習などとちがい、授業以外にも教師の仕事はあります。だからこそ、いかに効率よく教材研究をするかは、重要なことです。有効なオンラインサイトを活用しながら、時短の教材研究をしていきましょう。その結果、時短だけでなく、教材研究の質も上がっていきます。

評価はこまめに、所見は
なるべく早く終わらせる

　若い頃は、学期末になると、遅くまで残ったり休日出勤をしたりして、必死に所見文を書いていました。現在は、普段から評価を意識しているため、提出期限数日前には、ほぼ完了しています。

　こまめな評価を行う方法を以下に紹介します。

1．こまめにメモを取る

　子どもががんばっている姿を見たら、すぐにメモを取りましょう。私は主にタブレットを使ってメモを残しています。ただし、メモだけでは後に所見文を書く際に苦労することがあります。学期末には記憶が薄れているためです。したがって、早めに、メモを基に所見文をまとめることが大切です。

2．前もって所見文を準備しておく

　単元の学習が始まる前に、いくつかの所見文の例をあらかじめ用意しておきましょう。そして、学習が終了した後、あらかじめ書いた所見文を該当する子どもに活用します。たとえば、5年生の国語「大造じいさんとガン」の単元で、「優れた表現に着目して読み、物語の魅力をまとめることができた」という所見文を用意しておいたとします。単元が終わった後、情景描写や物語の魅力について書いている子どもに、この所見文を適用します。この方法により、学習が終わった直後に所見を書くことができます。

3．モデリングを活用する

　同じ学年の先生や前年度の担任の先生が書いた所見文を参考にしましょう。
　また、所見文が豊富に含まれている教育書を読むことも役立ちます。これにより、所見文の一般的な形式や内容を把握することができます。
　一から新しい所見文を作成すると多くの場合手間がかかりますが、既存のモデルを活用することで効率的に所見を書くことができます。

4. 指導書や教科書を参照する

指導書や教科書に記載されているねらいやまとめの文言を参考にすることもおすすめです。たとえば、光村図書の5年生国語「見立てる」のまとめページには、「要旨につながる筆者の考えは、文章の初めや終わりに直接的に書かれていることが多い」と書かれています。これを参考にして、「要旨につながる筆者の考えを、文章の初めや終わりから、見つけることができました」という所見文を作成できます。

5. 学習指導要領を参照する

たとえば、体育でハードル走を行う場合、文部科学省のホームページから体育科の学習指導要領解説をダウンロードし、「ハードル走」で検索することで、関連情報を得ることができます。

陸上運動の「知識及び技能」の項目に「ハードル走では、ハードルをリズミカルに乗り越えること」という文言が含まれています。これをもとに「ハードル走では、ハードルをリズミカルに乗り越えることができました」という所見文を作成できます。

6. 評価の記録を習慣化する

私は、給食を早めに済ませた後に、所見文を書くことにしています。いつでも評価の記録を行うことができる時間帯を選び、その習慣を続けることで、こまめな評価が自然な行動になります。この習慣が身につくと、評価がスムーズに行えるようになります。

まとめ

普段から評価を意識し、蓄積された評価の情報を活用することで、教育指導の質を向上させることができます。こまめな評価は、子どもの成長を見逃すことなく捉えるための重要な手段です。

同僚からオススメ本を教えてもらう

　「本を読んで勉強がしたい。でも、どの本を読んだらよいかわからない。選ぶ基準もわからない」そんな初任者の先生やもうすぐ先生になる方もいらっしゃるのではないでしょうか。そして先輩の方もオススメの本を貸したいと思っていることが多いのです。でも、先輩は先輩で「押しつけがましくないだろうか」「ニーズとマッチしていないんじゃないか」と遠慮してしまうことも多いのです。そんなお互いの思いの行き違いが解消される、「オススメ本の聞き方」を紹介していきます。

ポイント 1 授業で参考にした本を聞く

　オススメの本と一言で括っても、どのジャンルの、どのレベル感のものを求めているかがなかなか共有されにくいです。そのため、先生の授業を参観させていただいた中にすごく素敵な実践があった場合、その先生がされている実践をうかがうと同時に、「この教科の授業づくりで参考にされている本があったら私も読んでみたいので教えてください！」と聞いてみてください。「今回参観した授業」という共通のイメージがあるので、そのイメージにマッチした本を紹介してもらえることが多いです。

ポイント 2 初任者のときに読んだ本を聞く

　初任者のときの悩みは独特です。初任者のときにしかわからない悩みがあり、それは初任者のときに解決をしたいものです。だから、「今その先生がオススメの本」ではなくて「その先生が初任者のときに読んで救われた本」を聞いてみるのもオススメです。同期の場合は「最近読んでよかった本」を聞いてみるとよいかもしれません。

ポイント ③ 今の自分自身の悩みが解決できそうな本を聞く

　あなたが今困っていて解決したいことや伸ばしたいと思っていることはなんですか？　きっとそういう思いがあるから本を読みたいと思っているのではないでしょうか。

　その悩みを解決できそうな本も世の中には溢れているんですよね。だから迷ってしまいます。だから、同僚でその悩みをすでに解決しているような先生にまず相談してみるとよいです。その上で「オススメの本があったら教えてください」と聞いてみてください。

ポイント ④ 最近読んでよかった本を聞く

　教育ってどんどんアップデートされていきますよね。だからこそ私たちは学び続けなければなりません。でも、何をどのように学べばよいのか、アップデートするために必要なことや今ホットな話題は何か…掴むことも大変なときもあります。だから、いろんな先生に最近読んでよかった本を聞いてみるのもよいと思います。その中に自分自身をアップデートする本が、新しい実践をされている本が、あるかもしれません。

チェックリスト

同僚にオススメの本を聞く質問集

☐ 「体育の授業づくりで参考にした本があれば教えてください！」

☐ 「先生が初任者のときに読んだ本で参考になったものはありますか？」

☐ 「特別な支援の必要な子への関わりを勉強したくて…オススメの本はありますか？」

☐ 「最近読んでよかった本があれば教えてください！　自分も買います！」

本を読む際はいいとこどり

　「少しでもよい授業がしたい。子どもたちに知らない情報を届けることができるようになりたい」そんな思いから本書を手に取り、知識の幅を広げようとするみなさんは本当に素晴らしいと思います。私が読書をする際には、「目的を意識」するようにしています。これが娯楽のための読書なのか、授業に使う知識を身につけるための読書なのか、引き出しとしてストックするための読書なのか。それにより読書の方法は異なると思います。

　たとえば、教材研究として何か調べ物として読書をする必要があれば、その本が自分にとって適した難易度なのかをしっかりと考えます。自分には難解すぎる本は理解するのに時間がかかってしまいます。せっかく、勉強をしようと本を買っても、あまりにも難解だと読む気持ちが折れてしまいます。無理に背伸びしないことをおススメします。ササっと読むべきものなのか、じっくり読むべきなのか見極めることが大切です。YouTube等の動画である程度の知識を身につけてから、本を読むという方法もおすすめです。

本はイチから読まなくてもいいと割り切ろう

　1冊の本の中に、著者が伝えたいメッセージは限られています。読書を通し、その本が最も伝えたいことを見つける力を身につけていきたいものです。時間がないときには「はじめに」と「おわりに」から先に読みます。そこで、著者の主張の内容を大まかに理解します。その後、自分に必要な箇所を目次から選び取り、そこから読んでいきます。本はイチから読む必要がないということを頭において読書に取りかかるといいでしょう。

　私は読書をすることで基礎体力がつくられたと感じています。しかし、すべての本にじっくり時間をかけているわけではありません。じっくり読む本は、月に3冊程度です。さらっと流す本のほうが圧倒的に多いです。意図的に軽重をつける重要性を感じています。多忙な現場です。なかなか読書まで手が回らないというのが現状ではないでしょうか。そんなときだからこそ、「本を読む際はいいとこどり」です。最初は、もったいないという感覚が襲ってきますが、時間も有限です。割り切って、読書に取り組んでみてください。読書を続けていると、授業中子どもが何気なくつぶやいた言葉を先生の知識のアンテナがキャッチし、授業が深まるようになっていきます。

まとめ

　本を読むときは、目的を意識しよう。教材研究であれば、その本の中から少しでも情報がとれたらOKと割り切りましょう。

同僚の授業を見に行く

「少しでも時間があれば、他の先生の授業を見に行っていたよ」

1年目の私が先輩の先生に言われた言葉でした。私は、見に行きたい気持ちはあっても忙しくてなかなか見に行くことができなかったり、かしこまってお願いするのもかえって負担になるのではないかと考えたり、最初はなかなか参観することができませんでした。とてももったいないことをしたなと思います。

子どもたちは結局、学校の大半を「授業」で過ごしています。だから、子どもたちと素敵な関係を築いている先輩方の授業には、そのヒントがたくさん詰まっています。ぜひ少しでも時間があれば見に行ってほしいです。

今回は、授業を見に行く際の「視点」を紹介します。この視点をもっておくだけで、たとえ短い時間の参観だったとしても得られるものが倍増します。参観する際に思い出してもらえたらうれしいです。

ポイント 1 「体」を見る

・子どもたちに話しかけるときの目線はどこにある？　動いている？　止まっている？
・全体に話すとき、個別に話すとき、板書しているとき…どんな姿勢をしている？
・教室のどの位置で話している？　どの位置で見守っている？
・身振り手振りはどれくらい使っている？

ポイント 2 「話し方」を見る

・全体で話すときと個別に話すときの声のトーンは同じ？　ちがう？
・話し方の緩急、間の使い方はどんな感じ？
・どこで笑いをとる？　どこで集中できるような切り替える声かけがある？

ポイント 3 「教室」を見る

・当番表や掲示物で使ってみたいものはある？
・子どもたちの係活動の様子はどんな感じ？
・掲示されている作品から、勉強になることはありそう？
・使いやすい教室、整理整頓された教室を維持できる工夫はどこにある？

ポイント 4 「授業内容」を見る

・自分も真似してみたい発問や実践はあった？
・ワークシート、板書、タブレットやスライドなどはどう使っている？
・どんな目標を達成するために、この手立てを使ったんだろう？
・メリハリのある授業展開にするために工夫していることはなんだろう？

　少しの時間でも見に行って参考にしてみる、真似したいところを見つけて放課後聞いてみる、次の日実践してみる。そうすることで授業力がぐんっと上がっていきます。

チェックリスト

同僚の授業を見る際のポイント
□ 「体」を見る
□ 「話し方」を見る
□ 「教室」を見る
□ 「授業内容」を見る

価値や成長を見える化する

「子どもの学びを充実させたい！」

　先生たちの永遠の願いの１つでしょう。そこで有効なのが、ズバリ「見える化」です（今回は、当番や係活動に取り組みやすく掲示をすることではなく、子どもが自覚しづらい価値や成長を見えるように設計することと思ってください）。ここでは、「見える化」の例を４つ程、紹介します。

ポイント 1 成果物や掲示物で、成長の見える化

　国語科で物語文を読み取った後に、本の帯をつくって教室内に掲示する。社会科で調べてまとめたことを「クラスでつくった偉人図鑑」として冊子にする。これらのように授業で成果物があると達成感があるのはもちろん、学習をふりかえることができるので成長を実感しやすくなります。

　また、子どもたちが成長を喜び合える掲示物を、日常的に更新できるようにするのもオススメです。

６年生国語科の「書くこと」単元のまとめで、偉人伝を作成しました。自分の成長と友達の考えの面白さを感じている様子でした。

「Good ノート」
工夫したノート、成長を感じるノートを毎日掲示します。掲示する際に、何が素敵だったのか語りながら掲示すると尚効果があります。

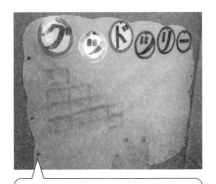

「グッドツリー」
帰りの会に1日をふりかえり、素敵だと思った友達の行動を紹介し、掲示していきます。「素敵」を見つけた子も称賛する声かけも効果UP！

ポイント 2 動画や写真を活用して、成長の見える化

　映像は、子どもが見ても明確に成長を実感できるツールです。

　たとえば、授業中に取り組む姿勢が素敵な子がいたり、学級の状態の成長を感じたりしたら、タブレットで動画を撮っておきます。その動画を後日、隙間時間に「○○な姿素敵だよね」「△△な雰囲気が伝わるよね」と話しながら子どもたちと鑑賞します。すると、自分たちの成長した姿を客観的に見ることができ、「たしかに！」「俺たちすごい」と喜び、やる気につなげる子が多く出てきます（朝の会や帰りの会のルーティンに組み込んでもいいですね）。

　他にも、成長が比較できるように写真を掲示していくことも効果的です。掲示スペースを貼り替えていくのではなく、1年かけてつくっていくという意識がいいかもしれません。

成長の様子が見やすい、1年かけてつくる思い出掲示スペース

　どんな成長があったのか見えるようにすることです。「はじめとおわりを子どもが比較できるようにする」と、成長を見える化できます。例をお示しします。

《単元を通した成長の見える化》
例：体育『走り幅跳び』（全5時間）
　1時間目に何も意識しない状態で跳んだ幅跳びを数値と動画で記録しておきます。その後の学習を通して、助走/踏切・空中姿勢・着地を意識して、各々設定した課題をよりよくするために学習します。そして、最後の記録会のときに数値と動画を記録します。すると、多くの子が、明らかに記録が伸びていることに気づきます。一部の子は記録が下がることもありますが、動画で見比べてみると意識のちがいが明らかで、成長を実感することができます。

《45分の授業を通した成長の見える化》
例：国語科『物語文』
　授業のはじめに、本時で学習する場面を音読します。その後、登場人物の気持ちや場面の様子を文章に基づいて読み取る学習を行います。そして、授業の最後にもう一度その場面を音読します。すると、授業のはじめと比べて、セリフの読み方や表情が変化し、成長している自分に気づく子が出てきます。そのような子に学習の感想を聞いていくと、変化を感じづらい子たちも自分の変化を感じ取ろうとする風土が学級全体に広がっていきます。

《おまけ：前時と本時で成長の見える化》

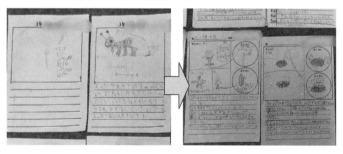

3年生4月の自然観察の単元における観察カードの変化

　成長を教師が見とり、言葉かけなどで、価値を自覚させることです。教師は、価値を見つける目とそれに感動する感情を鍛える必要があります。

《価値を見つける目を鍛える》

　目を鍛えるために大切なことは〝子どもを縦軸で見る〟という意識です。

　「授業に取り組むのは当たり前」「他の子はやっている」などの当たり前の視点や横軸（他の子との比較）で見るのではなく、子ども一人ひとりの成長や変化（＝縦軸）を意識することが大切です。これは学級においても同じです。隣のクラスと比べてしまう感情をグッと抑えて、自身の学級の成長や変化を意識します。

《感動する感情を鍛える》

　「機嫌を取ろう」という意図がチラつく人に「服似合ってる」と言われるより、目を丸くして「今日の服、季節感あって、すっごい素敵！」と言われた方がうれしくはないですか？　今後も季節感を大切にしたいと思いませんか？

　ほめようとせず、感動する！　うまくほめなくてもいいから驚きながら笑う！　感情を言葉や表情に乗せて伝える！　これが大切です。

　そのためにも、映画を観たり、友達と遊んだり、趣味に没頭したり、自分の心が躍る時間を大切にしてください。自分の心をイキイキさせること、感情が動く時間を確保することは、子どもの成長につながります。

> **まとめ**
>
> 　学級便り・一筆箋・電話…などで、見える化した価値を家庭にも伝えれば、子どものやる気、家庭との信頼関係がさらにアップします。
> 　４つの見える化を使いこなして、子ども一人ひとりが自身の努力や成長を実感できる日々をコーディネートしましょう。

第 **3** 章

仕事術はじめの一歩
学級経営編

ほめ言葉のレパートリーを増やす

「気づき名人だね」

これは、私が小学校3年生の頃に言われた一言です。

掃除をしているときにふと本棚が気になって、整頓していました。そのときに担任の先生からこの言葉をかけてもらいました。私はどうしようもなくうれしくなって、近くにあった棚を次々ときれいにしていきました。今思い出しても、あのふわっと体が浮くような気分は不思議な感覚です。

そうなったきっかけは間違いなく「気づき名人」というほめ言葉でした。

きっと、「すごいね」と言われただけではここまでの気持ちの高ぶりはなかったと思います。

ほめ言葉のレパートリーをいくつももっている先生の教室では、日常的にこのようなことが起こっているのかもしれません。

料理人の仕事道具が包丁であるように、教師の仕事道具は言葉です。

言葉を扱う職業である我々は、ほめ言葉をたくさんストックしておいたほうがよいのは間違いありません。次にほめ言葉100をご紹介します。

【姿勢】

背筋がピンとしている	〇年生みたい
天井に頭がつきそう	金メダルあげたい姿勢
視線がいい	目のビームがあつい
目力がいい	スーパー〇年生
みんなの見本です	足がピタッと床についている
腰骨が立っている	椅子の半分しか使ってない

【活動のとりかかり】

はやい	もう書いている
もうできてる	１秒で動き始めた
すぐに始められる人はよく聞いていた証拠	１番（とりかかりが）
スタートキング	スタートスター

【発表したときや意見をノートに書いたとき】

そのとおり	なんて素晴らしい
鉛筆の音しか聞こえない	高級な答えです
最後の文字までていねい	おどろいた
ええ！	おお！（そうきたか）
するどい意見だ	みんな見て！
100点！	120点！！
（そばに行って）これみんなに教えてよ	これ君しか考えついてない
これを読めただけで今日はいい日です	まさかここまで考えられるとは
いい大きさの声	ちょうどいい声の大きさ
張りのある声です	山の向こうまで届きそう
〇年生教室まで届きそうな声	先生の家まで聞こえそう

【がんばりをほめるとき】

ナイスチャレンジ	本気だね
目が輝いています	努力したかいがあったね
がんばった大賞	ほら、できた
これはドラマ化できます	スーパー〇年生の姿勢です
映画化もできます	感動した
映画監督ならこのシーンは絶対使う	魅力的
引き込まれそう	心が鍛えられたね
よく辿りついた	うれしいなあ　今日はいい日です
魔法のようです	夢のようです
現実ですか？	長い時間かかったんだね
おしい	次やったらできる
あと一歩	もうほとんど正解
100点中の90点	100点中の99点
失敗は宝物	やり直す分だけかしこくなる
心がすなおだなあ	続けている時点であなたはかっこいい
ファンになりそう	努力の足跡がかっこいい

【自分以外の人のためにした行動をほめるとき】

ありがとう	ありがとう、先生もうれしい
友達思いですね	次もお願いしてもいいかな？
明日も予約していい？	親切さがよくわかります
見つけたときすぐに動いたね	〇〇さんのおかげです
ありがたいなあ	それって当たり前じゃないよね
陰徳だね	縁の下の力持ち
陰の主役だね	このクラスにいてくれてよかった
あなたがいてくれてうれしい	あなたのおかげで先生とても助かった
すっごく助かった	〇〇名人
〇〇の達人	プロ級です
すてき	〇年生教室へいっても大丈夫だね
こんなに小さいところまで…！	「神は細部に宿る」だね

　100個のほめ言葉の中で自分ならこれが使えそうだなと思うものをぜひ使ってみてください。アレンジしたり、組み合わせたりしてみましょう。

　黙読するのと、声に出すのでは感じ方が大きくちがいます。自分に合っているかを試すときには、声に出してやってみてください（周りの人に変な人だと思われないようにね）。

　ほめ言葉をさらに輝かせるためのポイントがあります。それは「渡し方」です。いつ、だれが、どんなふうに渡すのかということです。

　ほめ言葉は一種のプレゼントです。相手がより喜べるような、やる気になるような渡し方も考えると相手により深く届くものになります。

　たとえば、「素晴らしい」という言葉も何も意識しないで伝えるのと、目を見開いて、声色を変えて言うのでは、相手の印象はまるでちがいます。

　渡し方のレパートリーも一緒に増やしておくことをおススメします。

【渡し方のレパートリー】
①驚きながら　②しゃがんでから　③目を見開いて　④強弱をつけて
⑤息を深く吸ってから　⑥耳打ちするように　⑦スパっとほめる
⑧チョークを置いて正対してから　⑨拍手してから
⑩「何がすごいかわかる人？」と全員に聞いてから

　子どもが何年生であるかや、先生との関係性、ほめるタイミングで変わると思いますので、目の前のその子が一番喜ぶであろう渡し方を選んでほめてあげてください。

まとめ
┌─────────────────────────────────┐
│   │
│　ほめ言葉と渡し方のレパートリーを増やそう　　　　│
│   │
│   │
└─────────────────────────────────┘

子どもに響く叱り方

　「子どもを叱る」ということに対して、あまりいい印象をもっていない方も多いかと思います。しかし、教師として働く以上は「いけないことはいけない」と、子どもを叱らなければいけない場面に必ず遭遇します。

　勘違いしてはいけないのは、「叱る」とは、感情をぶつけて教師がスッキリすることでも、事実を叩きつけて子どもを泣かせることでもありません。子どもに思いを届け、「自分の行動を変えたい」と心に響かせることが重要です。そして、そのために必要なことは、「叱られた子どもの納得」です。納得を引き出すためのポイントを以下に示していきます。

ポイント 1 子どもの思いを聞く

　叱る対象になる子どもの言動の裏には、その子なりの理屈が多くの場合あります。大人には納得がいかない内容であっても、それを頭ごなしに否定せず傾聴することが、子どもがこちらの言葉を受け入れる第一歩となります。自分の話を聞いてくれない相手の話なんか、聞きたくないですからね。子どもの言葉を受け入れながら、こちらの伝えたいことをそこに乗せていくイメージをもって話してみてください。

ポイント 2 罪を憎んで人を憎まず

　指導する内容によっては、その子ども自体を悪いものとして見てしまうことがあります。教師であっても人間ですから、その気持ちが湧いてしまうことを否定するつもりはありません。しかし、教師が否定するのはその子の「したこと」であって、「その子本人」であってはいけません。本人を否定するような言動が出てしまえば、子どもは心を閉ざしてしまいます。「この子は変われる」という確信をもって、思いを伝えることが大切です。

ポイント ③ 子どもの感情が動く言葉を探す

子どもにとって大事にしているもの（友達からの信頼、親の気持ち、一生懸命に取り組んでいる習い事など）が、自分の言動によって損なわれているということに気づくと、子どもは「ハッ」とします。どの側面からアプローチをすれば感情が揺らぐのかを観察しながら指導してみましょう。

ポイント ④ 期待しすぎない

相手は子どもです。1回の指導でまるっきり変わるということは、まずありません。「同じことを繰り返してはいけない」と叱るのはもちろんですが、失敗は繰り返すという心づもりをすることは大切です。期待を裏切られたときに感情的になってしまっては、そこまでの指導は台無しです。「信じていたのに裏切られた」というショックを伝えることは、信頼関係がある子ども相手には効果的ですが、あくまで感情とは切り離して効果的に伝えられるといいでしょう。

「仕事術」という観点で見た場合、叱るという形で教師側のメッセージをうまく伝えられることは、学級内のトラブルや保護者からのクレームを予防する上で絶大な効果があります。上手に叱れることは、信頼につながります。叱ることそのものを恐れないようにしてください。

どんな指導も子どもとの信頼関係が基本になります。「この人の話ならば、厳しい内容であっても聞きたい」という関係をつくることができれば、大抵の指導はすんなりと子どもの胸に届きます。1回の叱責でその関係を崩さないように気をつけることも忘れてはいけません。

まとめ

叱るために必要なのは、対話と子どもへの信頼

雨の日の休み時間の過ごし方

　雨の日には、普段は屋外で遊ぶ子どもたちが校舎内に滞在するため、揉め事や怪我が通常よりも増えることがあります。また、雨の日の廊下は濡れて滑りやすく、危険がいつも以上に高まります。

　「大人しくしていなさい」と指示されることの多い雨の日を、子どもたちが静かに教室で楽しく過ごせるゲームや遊びをご紹介いたします。

1.事件は何だ

プレイ人数：4〜8人　必要なもの：人数分の紙とペン　所要時間：10分
　ある事件についての答えを書いて、親がその事件を推理するゲームです。

①親以外のだれでもいいので、「宝くじ3億円が当たった」「性別が入れ替わった」など非日常の事件を1つ書きます

②その事件に対して、自分ならこうするということを、親以外が書きます

③全員が書き終えたら、一人ずつ書いたことを紹介します

④これらのヒントをもとに、親は事件を推理します

⑤チャンスは3回までです。1回目で正解できたら2点、2〜3回目だったら1点。親は、優秀な回答を書いた人を1人選んで、1点を与えます

2.ハイカット・ローカット

プレイ人数：4人以上　必要なもの：人数分の紙とペン　所要時間：15分

①1〜51の数から1つ選んで、人に見られないように、紙に書きます

②全員が書き終えたら、自分が書いた数字を発表していきます

③自分の書いた数字が、その人の点数になりますが、1番大きな数字を書いた人と1番小さな数字を書いた人は、点数がもらえません

④あらかじめ決めておいた回数の対戦を行ったら、ゲーム終了です。合計点が多い人の勝ち

（応用ルール）
  ・数字の範囲を１〜100にしたり、制限をなくしたりします
  ・人数が多いときは、３番目までの大きい数などに広げる

3.ドット＆ボックス

プレイ人数：２人　必要なもの：紙、ペン　所要時間：５分
　海外の「マルバツ」です。１対１で行います。紙とペンがあれば、低学年の子でも、すぐにできます。

①紙に、点を横に４つ、縦に４つ、合計16個書きます

②ペアで交互に、点と点をつなぐ線を、１マス分引いていく（斜めは引けません）

③線を引いていくうちに、四角ができたら、その四角は自分の陣地になります。
　四角の中に、自分の印を書きます

④１つ四角ができたら、続けて線を引くことができます

⑤最後に、一番多くの陣地をとった人の勝ちです

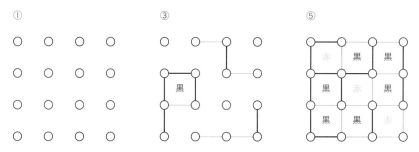

まとめ

　雨の日の休み時間には、子どもたちが夢中になる楽しい遊びをしましょう。ゲームを通じて子どもたちの協力する心や思考力を育てることができます。

【参考図書：大人が楽しい紙ペンゲーム30選　すごろくや　スモール出版（2012）】

ルールを明文化しよう

「こらっ！　廊下を走るな！　止まれ！」

遠くから先生の怒号が聞こえてきます。学校では定番の光景というイメージはありませんか。でも、廊下を走ってはいけないということは法律に定められていません。では、「廊下を走ってはいけない」というきまりの根拠は、なんでしょうか。

社会におけるルールは法律ですが、学校においては、「学校のきまり（校則）」がルールに該当します。学校のきまりは法律ではないので、「社会的に見ても守らなければいけないこと」「学校や先生の思いや都合で守らせたいもの」が、混在しています。

後者の例としては、

- ・子どもの安全を守りたい＝廊下を走ってはいけない
- ・子どもが社会の中でよりよく過ごせるようにしたい＝挨拶を大声でする
- ・教師が集団をまとめやすくしたい＝教室移動は整列する
- ・勉強に集中させたい＝筆箱は箱型、無地のもの

などが、挙げられます。

この学校のきまりは、法的拘束力はありません。言ってしまえば、子どもにとって、大人から押しつけられたものになります。しかしながら、トラブルを未然に防止したり、学級全体を効率的に動かしたりするためには必要なものです。

さて、学校のきまりを踏まえた上で、学級でも「きまり」（ルール）をつくっていく必要があります。ここでは、学級の状況を見て、新しい学級のきまりをつくる場面を例示していきます。

ステップ 1 「願い」から「きまり」

　自分がどんな学級を目指したいのか。子どもたちにどのように成長をしてほしいのか。そこを原点として「きまり」をつくります。

ステップ 2 子どもへの趣意説明

　なぜ、そのような「きまり」が必要なのかを子どもたちに説明します。きまりを押しつけるのではなく、クラスの現状を踏まえた上で、子どもたちの納得が、ルールを機能させるための前提条件となります。

ステップ 3 きまりの明文化

　きまりを簡単な言葉で表します。簡単な言葉にまとめることで、指導のときに使える合言葉のようなものになります。また、きまりの内容によっては、教室内に掲示することも有効です。

ステップ 4 きまりの検討・見直し

　子どもたちが成長することで、必要のなくなるきまりも出てきます。きまりが必要なくなったことを価値づけることで、子どもたちが成長を自覚することができます。きまりは時間経過によって意識されにくくなりますので、定期的に見直すことが大切です。

　先生がつくったきまりが「こちらの都合でのお願い」だとあえて伝えることが効果的な学級もあります。何にしろ、子どもたちから信頼を失うのは、「きまり」だから守りなさいという画一的な指導です。

まとめ

　子どもが納得した上でルールをつくる。さらに、ルールを簡単な言葉で表すことで、子どもたちがいつでも立ち返られるようになる。

担任外の先生を強い味方にする

　小学校の場合、学校で１日過ごしても関わる大人は担任一人だけ、ということも往々にしてあります。中学・高校だと、そこまで極端なケースは稀ですが、担任が学級の雰囲気をつくっていく点は同じかと思います。

　４月の出会いから時間が経ち、新しいクラスや学年に慣れてくると、教員にも子どもにも「甘え」や「不満」が出てきます。

「先生は、友達みたいな言葉遣いをしても許してくれる」

「うちのクラスは、多少ルールを甘くしても大丈夫だろう」

「先生は、自由にしなさいって言うけど、口だけだよね」

「うちのクラスは、自由をはき違えている。常識がない」

　その意識のズレが、学級を壊していく様子を、何度も目の当たりにしてきました。そうなる前に客観的な目でクラスを見てくれる存在として、担任をしていない学年の先生、専科の先生や養護の先生がいます。学校中、複数のクラスを俯瞰して見ている専科の先生だからこそ気づけるクラスの違和感。「このクラスは授業しにくいな」。その感覚は、大抵の場合的確です。残念ですが、学級崩壊の兆候が最初に見られるのは音楽や図工の授業であることが多いのです。そのため、担任は担任外の先生の言葉に耳を傾けることで、自分のクラスを客観的に見る場面をつくれるのです。

　働き方を安定させるにはイレギュラーを減らして、計画的に仕事を進めていけることが肝要です。突発的な生徒指導を事前に防ぐために、多数の耳目から集められた情報は非常に効果的です。日頃から、積極的に情報交換をするとともに、自分の学級のファンになってもらい、応援してもらいましょう。教育において、絶対の正解はありません。複数の大人がそれぞれの価値観で子どもたちと向き合っていくことが、子どもたちの豊かな成長にもつながっていきます。

〈強い味方になってもらうために〉

・授業の開始時に間に合う教室移動をする

・支援が必要な子どもの情報をしっかりと共有する

　　→４月時点で、共有していきたいという態度を示すと遠慮せずに話せます

・授業見学をする

　　→自分の授業のときの子どもの様子と比較もできます

〈その他の関わりの例〉

・学級通信や学年通信で取り上げる

・係活動のゲストティーチャーとして来てもらう

・学級のお楽しみ会に招待する

まとめ

　関わりに煩わしさを覚える方もいるので、相手の様子も確かめながらアプローチしていきましょう。基本は双方が気持ちよいコミュニケーションです。チームで同じ方向を向いていることが仕事の効率化にもつながります。

先輩の通信の真似をする

まなぶはまねぶ

この本の冒頭でも書きましたが、「まなぶはまねぶ」が上達の近道です。どんな業界のどんな優れたアスリートも、最初からすべてオリジナルで一流選手になったという人はきっと存在しないでしょう。

あの天才イチロー選手も最初は真似をしていたそうです。私の尊敬する先生方も、数多くの教育技術、子どもを惹きつける教材、様々な小ネタの数々をたくさんの人から学んでいました。

このときに邪魔をする思考の第1位が、「あの人だからできる」です。

この言葉を放った瞬間に、真似をすることができなくなります。

ほかに、

・自分には合わないのではないか

・目の前の子どもには合わないのではないか

・自分らしくないのではないか

このような言葉が出たら要注意です。元来人間は変化を嫌います。新しいことを取り入れることは、人間は苦手なのです。だからこのような言葉が出てくるのです。

まずは、これらの言葉に惑わされずにどんどんいいところを真似しましょう。

ポイント 1 いいと思う文章をストックする

「まなぶはまねぶ」という法則は、こと学級通信にも同様に成立します。

おそらく初任で学級通信を、「スラスラ毎日書けています！」という方はほとんどいないのではないでしょうか。若手のほとんどの先生から「学級通信に何を書けばいいかわからない」という話をよく聞きます。

そんなときは、まず先輩の先生から学級通信をもらいましょう。きっと校内

に学級通信に力を入れている先生がいるはずです。学校によっては、データで過年度分を保存している所もあるかもしれません。

　また、ちがう学校の先輩から手に入れることも可能ですし、書籍として発売されているものもあります。どのような形であれ、お手本となる通信が手元にあるということが大切です。

・書きぶりが面白い　・写真を活用することが上手　・内容にこだわりがある

などなどたくさんの発見があるはずです。

　そして、気になった通信をストックしておきます。データで保存しておいたり、印刷された通信をファイルに入れたり、写真に撮っておいたり…自分に合った方法でかまいません。気になった通信をストックしておくと、「あの通信の内容を書きたい！」となったときにとても便利です。データの場合は、ファイルの名前をその号のタイトルなどにしておくと検索が楽になります。

ポイント 2 　いざ通信を書く際は…

　とはいえ、いきなり文章をたくさん書くことは難しいと思います。そのためにまずおススメするのは、「写真をたくさん載せること」です。

　保護者の立場になってみてわかりましたが、我が子の写真があるとうれしいです。最初は、写真を多めに載せて、そこに文章を添えてみてください。

　「継続は力なり」という言葉通り、続けることで文章が書けるようになっていきます。

　だんだん文章が書けるようになってきたら、ストックした文章を載せてもいいですし、偉人の名言や格言を引用して考えを述べるということもできるようになってきます。

　みなさんもぜひ素敵な文章を見つけて、自分なりの言葉を紡いでくださいね。

まとめ

　いいお手本を探すアンテナをもち、どんどん真似をしましょう！

生徒指導、いじめ対応は複数で行う

　夕方の教室。担任の先生は、問題を起こしてしまった子どもと1対1で向き合い熱く語る。子どもはその姿に心動かされ、更生への一歩を踏み出す。

　学園ドラマで、見どころとなる一コマです。しかし、現場でこの対応はするべきではありません。生徒指導への対応は、複数で行うことが基本となります。なぜ、複数対応が求められるのか。それには、以下のような理由があります。

1. 事実を客観的に捉えるため

　自分一人だと見えないものが、複数の目で見ることで見えてきます。また、先入観によって誤った見方をしてしまうリスクを防ぐ意味合いもあります。

2. 聞き取りの際に役割分担をするため

　聞き取り役は、子どもの目の動きや指先、耳の色の変化など言葉以外の部分からも情報を得て子どもの話を聞くことに集中することができます。

　記録役は、時系列で記録をまとめて話を整理することができます。

3. 服務事故の疑いを避けるため

　子どもを指導・評価する立場の教員は、学校において優位な立場です。そのため、子どもと密室で1対1の対応は、好ましいことではありません。言った・言ってないの水掛け論に発展しかねません。なにより、万が一子どもが「身体を触られました」と訴えた場合、事実を証明する必要があります。しかし、事実を主張するには、「やっていない」という事実の証明（いわゆる悪魔の証明）が必要となり、大変困難な状況となります。

<一般的な指導の手順>

①情報を共有する

　学年主任、生徒指導主任、管理職の順番で事実を共有します。自己判断はせず、立場が上の人間を巻き込むことが肝要です。

②指導方針を立てる

　指導を通して、どのような状態（加害者が謝罪を申し出る、繰り返さないための方法を決めるなど）を指導のゴールとするかをある程度決めます。

③聞き取りを行う

　聞き取りは、事実の確認です。ここでは指導をしません。加害者が複数名の場合は、口裏を合わせることを防ぐために同時刻に別室で聞き取りを行って情報を擦り合わせるなど、聞き取り方も大切です。

④指導を行う

　事実を踏まえて、加害者に指導を行います。同時に、被害者の要望を聞くことも大切です。加害者、被害者を一堂に会して指導を行うかどうかは、慎重に判断をしましょう。

⑤記録をまとめ、報告する

　どのような事実を聞き取ったのか、またどのような指導をしたのか「時系列に並べた事実」「発言者」「同席していた人」などの記載をします。その後、学年主任、生徒指導主任、管理職に報告します。

まとめ

　生徒指導案件は、すぐに報告をしましょう。自分で判断をするのは禁物。

同僚の教室参観で いいとこどり

　私が初任校で勤めていたときは、数か月に1回学校中の施錠を確認する担当の日がありました。一見面倒な仕事のようですが、この仕事が嫌いではありませんでした。理由は、いろんなクラスに入って掲示物や教室のレイアウトを見ることができるからです。

　教室の掲示物は毎日子どもたちの目に触れます。年間を通して伝えたい大切な言葉や行動を掲示することもあれば、図工の作品を掲示することもあります。

　机の配置の仕方や黒板の使い方からも、その先生が大切にしているこだわりが見て取れます。教室の前を通ったときや、施錠の見回りのときに気になったことがあるなら、次のようなステップで「教室参観」をやってみてください。

ステップ 1 見に行く教室の先生に了解を得る

　職員室で伝える場合は以下のようになります。

　「さっき〇〇先生の教室の前を通ったのですが、窓際の掲示が素敵だなあと思ってつい足を止めてしまいしました。もしよかったら、今度教室の掲示を見に行ってもいいですか？」

ステップ 2 実際に教室へ見に行く

　教室を見に行く時間は、じっくり見られる放課後がおすすめです。

　せっかく教室を見るチャンスが巡ってきたなら、得られるものは多い方がいいです。そのために視点をあらかじめもってから教室へ向かいましょう。

〇教室を見る視点の例

① 　成果物を貼る位置・・・図工、習字などの成果物を貼る場所

② 　黒板の使い方・・・・・黒板の左右の端の使い方

③ 　背面黒板の使い方・・・１日の予定、学級会の予告、詩などの使い方

④ 　係カードの掲示・・・・紙の大きさ、手書きかPCか写真はあるか

⑤ 　お便り系の掲示・・・・献立表、ほけん便り、学校だより

⑥ 　授業を補助する掲示・・算数の公式や国語で使うキーワード

⑦ 　ロッカーの使い方・・・ランドセルの上部には何を入れているのか

⑧ 　教師机の使い方・・・・教師机の場所、向き、机上にあるもの

⑨ 　机の配置・・・・・・・子ども机の並び方

ステップ 3 職員室に帰ってからは、教室を見た感想と感謝を伝えよう

　自分がいいなあと思ったことや、気になった部分を伝えましょう。

例「さっき○○先生の教室を見に行かせてもらいました。ありがとうございました。特に、廊下側の『話の聞き方あいうえお』の掲示がすごくいいなと思ったので真似させてください。だた、あれについて子どもたちにはどのように伝えているのか気になったのでよかったら教えてもらえませんか」

まとめ

　　〇教室掲示はその先生が大切にしているところが表れやすい。教室
　　　参観は、その先生の強みを知れるチャンス。

　　〇自分の強みに対して、真剣に学ぶ姿勢を見せられるとうれしくな
　　　り助けたくなるものです。同僚の先生にどんどん話しかけましょう。

写真は最強の記録ツール

「情報を制する者は仕事を制する」

　現代の世界は情報で溢れかえっています。「江戸時代の一般的な人が一生涯に触れる情報量と、現在の我々が1日に触れる情報量は大体同じ」という話を聞いたことがあります。つまり、それだけの膨大な情報が目の前に存在しているということです。したがって、必然的に情報の取捨選択が必要となります。

　この情報という点において、日本は少々特殊な国として扱われることがあります。その中の一つが「FAX」の文化が残っていることです。

　ペーパーレスが推奨される現代ですが、FAXに限らず学校現場はまだまだ紙媒体で情報をやり取りすることが多いです。つまりそれは、ファイルに挟めておけばいかなる状況でも読めるということを除けば、

・かさばりやすい
・紛失する可能性がある
・情報を取り出すのに時間がかかる

　という大きなデメリットもあります。急いでいるときに印刷できない、ということもあります。そんなときに役立つのが、今回の表題である「写真」です。次のページでは、私なりの活用方法をご紹介します。

ポイント 1 必要な部分だけ写真に記録しよう

　たとえば、運動会の総練習や本番。「運動会の提案を確認して行動したい」とします。しかし、運動会などの大きな行事の提案はページ数が多く、確認するのに時間がかかります。社会科見学などの提案は、ページ数が少ないですが、その分紛失する可能性が高まります。

その際には、スマホで必要なページを撮っておくことをおススメします。写真に残しておけば、充電にさえ気をつけていればすぐに閲覧できます。

フォルダなどで写真を整理しておけば、仕事用の写真をすぐに引っ張り出せます。メモアプリに写真を貼りつけ、書き込むこともできます。スマホであればタブレットに比べてかさばらないため、場所を選ばず情報が引き出せます。

このように提案をデジタル化すれば非常に簡単に情報が引き出せます。それでも不安という方は、PDF化して保存しておくのもいいでしょう。

ポイント 2 写真は子どもの姿を記録する際に真価を発揮する

写真は、「真実を写す」と書きます。その名の通り、写真に写るのは基本的に事実です。この事実は、子どもたちの価値づけにとても役立ちます。

視覚的に伝えられますし、全体に共有も可能、言葉で伝えるよりも説得力が増します。その写真を価値づけだけでなく、

・個人面談、学級懇談で保護者に見せる
・通信に載せる
・通知表の所見を書く際のヒントとなる
・過去のクラスや個々と現在を比較し、成長を実感させられる
・進級する際の引き継ぎなど、各種資料にも使える

少し考えただけでも様々な活用方法がこれだけ出てきました。ちなみに動画を撮影するというのも効果的です。写真に動画、どちらも活用して効率的な仕事を行ってください。

まとめ

写真を撮る習慣をつけ、様々なものに活用し、効率を上げよう。

ちょっとした隙間時間にできるレク

各教科で実施できる楽しい学習活動を紹介します。

【国語】
●書き文字伝言ゲーム
①子どもたちは1列に並び、一番後ろから前に向かって漢字一字を伝えます。
②スタートの合図で、前の友達の背中に漢字を書いていきます。
③正確に早く伝えられたチームが勝ちです。

●カタカナーシ
①カタカナの言葉を、カタカナを使用せずに説明します。
②たとえば、「エレベーター」ならば、「箱みたいな入れ物に入って上の階や下の階に行く乗り物」といった風に説明します。
③カタカナを使用するとアウトとします。

【算数】
●ナンバー30
①黒板に1から30までの数字を書きます。
②全員が立ち、黒板に背を向けて立ちます。
③席順に、まだ呼ばれていない数字を答えます。
④教師は、呼ばれた数字に丸を付けます。
⑤呼ばれた数字を言ったら脱落です。最後まで残った人が勝者です。

【社会】
●都道府県ビンゴ
①3x3のグリッドに好きな都道府県を書きます。
②クジで選ばれた子どもが好きな都道府県を言います。

③ビンゴができたらその子が勝者です。

●地名しりとり
①チームやクラス全体で地名に限定したしりとりを行います。
②地図帳を見ても構いません。

【図工】
●デッサンリレー
①チーム全員が代表の子どものデッサンを完成させます。
②一人30秒ずつ順番にデッサンしていき、モデルが最も気に入った絵を描いた
　チームが勝者です。

【音楽】
●つられず歌い切れるかな
①２つのチームに分かれ、１チームは「うさぎとかめ」、もう１チームは「浦
　島太郎」を歌います。
②同時に歌ってもつられないように心がけます。

【全教科】
●教科書ダウト
①教師が教科書を読み進めますが、時折わざと間違えて読みます。
②子どもが間違いに気づいたら、「ダウト！」と声を出します。
③どこが間違っていたか説明します。
※重要な場面や語句をダウトにすることが重要です。

まとめ

　教師として、多様な学習活動を知っておくことは重要です。子ども
たちの興味を引き、楽しさと学びを提供することができるでしょう。

子どもにお願いすることを増やす

　教師の仕事は多岐にわたり、また仕事量もかなりのものです。すべての業務を一人でこなそうとすると、いくら時間があっても足りません。

　子どもたちに手伝ってもらいましょう。子どもたちは、教師のお手伝いが大好きで、喜んで協力してくれます。以下に子どもにお願いできることのリストを示します。

1. 図工などの作品展示

　30人以上の子どもたちの作品を一人で掲示するのは、時間がかかることがあります。図工の水彩画を例に、子どもたちに協力してもらう方法を紹介します。

①全クラスメンバーが作品を完成させます（全員が完了していなくても構いません）

②数人のグループをつくり（縦の描画と横の描画でグループ分け）、作品をクリップで連結します

③その間に、教師は前の作品を取り外していきます

④作品を連結したグループから、教師に作品を渡します

⑤教師が作品を掲示します

この方法を用いると、10分以内で掲示物を入れ替えることができます

2. 宿題の確認

　「宿題チェック」という係活動を設定します。

　「自主学習」「漢字ノート」「計算スキル」などの担当を決めます。クラスの名簿を画用紙に貼って、担当の子どもたちに渡します。毎朝、担当の子どもたちは提出された宿題をチェックし、名簿に記録します。また、提出し忘れた子どもたちにも声をかけてもらいます。

3．教材づくり

　算数の公式を教室内に掲示することはよくあります。これらの掲示物も子どもたちに手伝ってもらうことができます。

　算数の公式以外にも、各教科で学ぶ重要な用語や図工作品のタイトルなども掲示できます。

　また、ラミネートを使用して教材を作成することもありますが、これも子どもたちに手伝ってもらうことができます。教師にとってはラミネートが馴染みのある道具かもしれませんが、子どもたちにとっては新鮮な体験です。彼らは喜んで協力してくれることでしょう。

　さらに、タブレットを活用することもできます。たとえば、算数の問題の解法や調理実習の手順、運動会のダンスの手本などのわかりやすい動画やスライドを子どもたちにつくってもらうことができます。

4．学年末の教室整理

　学年末には、教室をきれいに整理して次の学年や先生に引き継がなければなりません。1年間でたまった物や汚れを取り除くのには時間がかかることがありますが、これも子どもたちに手伝ってもらうことができます。

　教室内にある教師用ロッカーを例に説明します。修了式の約2週間前から、少しずつ整理を始めます。最初に教師がロッカー内を整理し、作品は子どもたちに返します。整理が完了したら、子どもたちに掃除を手伝ってもらいます。教師の個人的な物品や次の学年へ引き継ぐ物品を仕分けして整理しましょう。

　子どもたちが教室を離れる修了式までに、なるべく多くの作業を進めることがポイントです。

まとめ

　子どもたちに協力してもらうことで、教師と子ども双方にとってWin-Winの状況が生まれます。子どもたちはお手伝いを通じて成長し、教師は業務負担を軽減しながら、効率的に業務を遂行できるでしょう。

第 4 章

仕事術はじめの一歩
保護者連携編

家庭訪問と個人懇談で信頼を勝ち取る

　多くの学校では新年度が始まり、4月の終わりから5月にかけて、家庭訪問が行われます。また、コロナの影響もあり、家庭訪問ではなく個人懇談を行っている学校も多いです。

　保護者にとっては、これが初めて担任の先生とゆっくり話をする機会となります。そのため、このときに保護者の信頼を築くことが非常に重要です。

1. 家庭訪問について

　保護者から希望日を聞き、それを基に各家庭を回るルートを考えます。広い地図を見ながらすべての家庭を特定するのは難しいことです。この際、同僚や子どもたちの協力を仰ぎましょう。

　利用できる場合は、前の担任が使っていた地図を活用すると、計画の効率化が図れます。

　地図を得ることができない場合は、子どもたちに協力をお願いして、家の場所を教えてもらうこともできます。

　家庭訪問の順番やルートを決める際は、長話が予想される家庭の後に余裕をもたせるなどの工夫を行います。そのため、引き継ぎ情報を確実に受け取っておきましょう。

　実際の家庭訪問の際には、第一印象が非常に重要です。清潔感のある身なりに気をつけましょう。

　インターフォンを鳴らし、「○○小学校○年生の担任、○○です。よろしくお願いします」と明るく挨拶しましょう。4月の家庭訪問では、保護者の方から話を聞くことが多くなります。

　また、最初に担任から話を進めると、保護者が伝えたいことを話す余裕がなくなることもあります。そのため、以下のような進行方法が効果的です。

　「本日はお時間をいただき、ありがとうございます。時間が限られています

ので、早速お話しをさせていただきます。最初にお母様から、お子様の健康面や身体について配慮すること、その他気になることがございましたら、お話しいただければ幸いです。その後、学校での様子についてお話しいたします。それではどうぞよろしくお願いいたします」

　担任からの話では、できる限りポジティブな側面を伝えるように心がけましょう。もし課題がある場合でも、先によい点を述べた後で、課題を伝えることが効果的です。

2. 個人懇談について

　懇談の際に、保護者との対面の座席配置については、多くの場合、担任と保護者が向かい合う形式が採られます。

　しかし、私はＬ字型の配置をおススメします。心理学的にもＬ字型の配置は双方がリラックスして話しやすい環境を提供できるためです。

　黒板には絶対に伝えなければならないことを箇条書きにしておきます。これによって、話し漏れを防ぐことができます。

　実際の個人懇談の際には、家庭訪問と同様の流れで進めます。

　ちがいは、テレビを使える点です。子どもの活躍する様子を映した写真を見せながら話すことで、伝えたいことがより具体的に伝わります。

　そのため、個人懇談に向けて、事前に子どもの写真を準備しておくことをおススメします。

まとめ

　新年度の家庭訪問や個人懇談は、保護者との信頼を築く大切な機会です。計画をしっかり立て、適切な進行を心がけ、効果的なコミュニケーションを図りましょう。

【参考：事前準備で一安心！教育相談・個人面談のやり方!!（2020/7/5）優元先生の「優元実行」動画 URL　https://www.youtube.com/watch?v=a6GOaY2-r-4】

電話対応の基本の基本

電話がかかってきたとき、第一声は何と言いますか? どんなトーンで話しますか?

私が初任の年は、電話が最も取りやすい場所の机で、職員室の中でも電話をとるランキングは教頭先生、事務の先生につづいて3位くらいでした。

そこで学んだことや失敗したことを書きたいと思います。

ポイント 1 電話をとる前に紙とペンを持つ

メモすることは、相手の所属、名前、要件、電話を受けた日時と自分の名前です。聞いたことは忘れ、書いたことは残ります。メモをしていなくて、相手の名前を間違って伝えてしまったことがありました。

教頭先生が電話越しに謝っているときの申し訳なさを今も覚えています。

ポイント 2 「学校の代表」として電話を取っている

学校へ電話をかける人は他校の先生、教育委員会、保護者、ゲストティーチャーなど様々です。電話に出るということは、一時的に学校の代表として応接しているということです。ですから、ていねいな言葉遣いでいつもよりワントーン高めの声で電話に出ましょう。

ポイント 3 わからないことは、判断しない、答えない

これが電話対応で、一番大事なポイントです。

「運動会の駐車場は○○公園であっていますか?」

「授業参観に行ったときは、図工の作品はカメラで撮ってもいいですか?」

すぐに答えたいけど、資料がないと答えられなかったり、教頭先生や担当の

先生に確認しないとわからなかったりする質問をされることもあります。

　そのときは、とにかくこの一言です。

「確認しますので、しばらくお待ちください」

　そういって保留にしましょう。

　その後100％正しい答えがわかったら、保留を切ってお伝えします。

　しかし、少しでも確証がもてなかったときは、

「すみません、今すぐにはお答えできないので、折り返しお電話してもいいで
すか？」

　と言って電話を切りましょう。

　そして、管理職や先輩の先生に相談してなるべく早く確かめましょう。

　わからないときは、一人で判断しない、答えない。

　これが何より大事です。

ポイント ④ 受話器を置いて報告するまでが電話対応

　電話を取り、別の先生につなぐときは保留にして受話器をそっと置きます。

　そのあとは電話の内容をメモした紙を持って電話をつなぐ先生の所へ行き、
相手の所属と名前、要件を伝えましょう。

　自分で答えがわかり答えられたときも、ゆっくり受話器を置き、電話内容を
報告しましょう。

　相手は電話内容によりますが、学年主任、教頭先生、事務の先生などのだれ
かに報告しましょう。

　自分しか関係ないと思っている電話内容でも、だれかと情報共有することが
大切です。

まとめ

- 100％確実にわかっていることだけその場で答える。それ以外は、
確認する。
- 一人で対応しようとしない。だれかと情報を共有する。

保護者は最強の味方

　「モンスターペアレンツ」という言葉がすっかり一般的になってかなりの時間が経ちました。この言葉に好感を抱く人は少ないのではないでしょうか。

　「保護者からの意見」というと、どうしても構えてしまう気持ちはわかります。「クレームが来た！」と焦る気持ちも理解できます。

　しかし、たとえば、保護者の意見から子どもたちの放課後の様子がわかり、早期対応できることもあります。保護者からの意見は学級経営をする上でプラスになることも多いです。「クレームが来た」と受け取るのか「指導を見直す機会」と捉えるかで、保護者との関係が変わります。それはつまり、今後の学級の成長にも関わってくるでしょう。保護者は、基本的に「子どもの成長を見守る大人」という点で同志です。子どもと一番関わる大人は保護者ですし、一番影響力のある大人も保護者です。だからこそ、保護者は最強の味方と言えます。

　ここからは、私が実際に行っている保護者とつながるポイントをいくつか紹介します。どれも、保護者とコミュニケーションをとるための方法です。

ポイント 1 定期的に一筆箋を送る

　一筆箋とは、小さな便箋のことです。定期的に、子どもの素敵だったところを書いて渡しています。ほんの数行でいいのです。「○○さんが、転んだ1年生を保健室に連れて行ってくれました。とっても優しいですね」この程度でいいのです。年に数回送るだけでも効果があります。ぜひ筆を走らせてみてください。

ポイント 2 学級通信でつながる

　学級通信を書いているという方は多いのではないでしょうか。ぜひとも子ど

もの様子を伝えたいですね。写真を数枚載せて文章を書く方法が一般的ですが、一工夫加えるとさらに保護者の笑顔が溢れます。

・一人ひとりのいいところを文章で載せる
・誕生日の子の紹介文を書く
・子どもに記事を書いてもらう（一部だけ書いてもらうのもOK）
・テーマを決めて保護者から記事を募集する（例：子どもに読ませたい絵本）

　と、このような工夫を加えると、保護者にとって通信の価値が高まります。どの保護者も、自分の子どもが大切にされていると感じたいものです。

ポイント 3　いいところがあったら電話する

　「文章を書くのは苦手」という方もいるかもしれません。そんなときは電話をするという方法もあります。「学校から電話があったら、悪いことをした」と思っている保護者は多いです。だからこそ、「学校でこんないいところがありましたよ！」と、言われるとより一層うれしいはずです。励ましの言葉をいただけたり、新たな子どもの一面を知れたり、おススメです。

ポイント 4　ちょっとしたつながりの場を逃さない

　たとえば、連絡帳。事務的な連絡だったとしても、子どものがんばっていたことを加えて返すだけで反応が変わっていきます。保護者がお迎えで来たときもチャンスです。これらのちょっとしたコミュニケーションはとても大事です。ぜひ取り組めるものから取り組んでみてください。

まとめ

　保護者を味方と捉えることが大切。構えず、コミュニケーションをとりましょう。

トラブルを保護者にしっかりと伝える

　学校は、トラブルが起こる場所です。

　先生たちがどんなにトラブルの予防に心を砕いて手を尽くしても、複数の子どもが過ごしている以上、トラブルを100％防ぐことは不可能です。

　そのため、学校で起きたトラブルを保護者に伝えなければならない場面が出てきます。ここでは、トラブルの伝え方で一番メジャーな方法である「電話」を例にとって説明していきます。

　トラブルを伝えるときの最大のポイントは、「速さ」です。

　相手があるトラブルの場合、基本的には加害者側から電話をかけます。人間は、自分の都合のいいように事実を捻じ曲げてしまいがちな生き物です。まして相手は子ども。家に帰って、保護者の方に自分の都合のいいようにトラブルについての話をしてしまうことがあるからです。

　だからこそ、先生からすぐに電話をかけるのです。

　ただし、被害者側の納得感が薄い場合や、被害者意識が強く、話を大きくしてしまう子どもの場合は、先に被害者側の家に電話をすることも考えられます。連絡をする前に一度、管理職や学年主任に相談することをおススメします。

　また、私は電話の理由を最初に話すようにしています。
「本日、学校であったトラブルについて、お電話をしました」
「○○さんのがんばりについて、お伝えしたくてお電話しました」
「○○さんの最近の学習状況についてお電話しました」
などと、言うことによって、保護者の方に心の準備をしてもらうためです。
（逆によい話の電話のときは、身構えないで聞いてもらいたいからです）

＜伝えるべきこと＞

①いつの話なのか

②子どもは加害者と被害者どちらなのか

③どのような事実があったのか

④どのような指導をしたのか

⑤指導の結果、どのような結果になったのか

＜伝え方のポイント＞

・子どもの思いに寄り添った言葉を選ぶ

・客観的に事実を伝えつつ、主観でフォローの言葉を添える

・トラブルの重さによっては、自分以外の人を頼る

　（自信がない場合は、隣で聞いてもらうのもあり）

・加害者の保護者から被害者の保護者に謝罪の電話があるとよい

　（強制するものではないが、謝罪がないことでトラブルが重篤化することも）

ま と め

　トラブルの連絡はスピード重視。子どもの心情に寄り添うことも忘れずに。

最初の保護者会のやり方

「保護者会は、なんのためにするんですか？」と問われたら何と答えますか？

・保護者と信頼関係を築くため
・保護者同士のつながりをつくるため
・学校と家庭で連携してともに子どもを育むため　…など

　前向きな目的を答える人が多いと思います。そのように考えると、本来保護者会は楽しみなものになるはずです。
　しかし、実際はどうでしょうか？　「緊張」「不安」が募り、手紙で配布すればわかるような事務的で当たり障りのない話をして終わる。前向きな目的のはずなのに、前向きに取り組めていない先生は少なくありません。
　それは「評価判断される」という恐れがあるからです。対等ではなく、保護者が優位な関係だと思っているからです（そう思う気持ちは痛い程わかります）。
　改めて確認しましょう。保護者は「子どもをともに育むパートナー」です。
　対等な関係を築くために、最初の保護者会で伝えるべき4つのポイントをお伝えします。

例：「担任となってまだ1週間ですが、1年間が楽しみになることがすでにたくさんありました。たとえば、初日には○○なことがあり、優しい姿に驚きました。昨日の国語の授業では（――略――）。1年もあれば、これからトラブルや課題も出てくるとは思いますが、うれしいことにもたくさん出会えそうで楽しみです」

「どんな先生なんだろう」「子どもは楽しく1年間過ごせそうかな」

保護者の方も少なからず期待や不安を抱いて保護者会に参加しています。不安な感情をもったままだと人はどうしても構えてしまいます。なので、まずは安心してもらうことが大切です。

そこで、必ず準備すべきものが、ポジティブエピソードです。「子どもを見てくれている（見ようとしてくれている）」と感じると、保護者は一気に安心します。「子どもをどんな目で見てくれる人なのか」保護者が見ているのは、先生としての専門性よりも先生の人柄なんです。

例：「1年を通して、子どもの○○な力を育みたいと思っています。なので、△△を意識する授業を多く取り入れます。また、□□な経験がその力を育むと思うので、係活動や行事等では、経験を積みたくなる声かけをしていきます」

先生がどんな思いで子どもを指導しているのか。

これを語ることには3つメリットがあります。1つ目は、保護者が先生の指導方針に見通しをもて、信頼感を抱けること。2つ目は、家庭でもその方針を意識した声かけをするなど、学校と家庭での連携が図れること。3つ目は、先生自身が指導方針を見失わないことです。つまり、保護者のためにもなりますが、先生がブレない指導の軸をもつためにも重要です。ぜひじっくり考えてみましょう。

ポイント **3** 疑問は、即連絡するようお願いする

例：「子どものことを大切に思って指導していきますが、私も指導を間違えること、保護者の皆さんに疑問を抱かせてしまうこともあるかもしれません。そのときは、即ご連絡ください。（――略――）子どもの前で先生や学校への不満を言うのだけは避けるようお願いします。子どもが先生や学校への不信感を募らせると、取り返しがつかなくなってしまいます。指導や学校のことで疑問をもったときは、私に直接聞いてください。大切なお子さんのために、ご協力お願いします」

先生も保護者も人間です。指導を間違ってしまうこと、保護者に誤解されてしまうこともあります。即解決できれば何の問題もありません。しかし、後に引きずること、子どもの成長を妨げることにつながってしまうのだけは避けなくてはなりません。早期に解決し、子どもをともに育むためにも、この点は明確にお願いしましょう。

ポイント **4** お互いプロだと伝える

例：「学校で子どもを育めるのは先生です。一方、家庭でお子さんを育めるのは保護者の皆さんだけです。立場と環境はちがいます。しかし、思いは同じです。子どもを愛し、成長を願う仲間です。つまり、私たちは思いをともにするパートナーで、ちがう役割を担うプロということです。補い合いながらともに子どもを育んでいきましょう。1年間どうぞよろしくお願いします」

対等な人間関係になるために大切なことは、リスペクトの気持ちを抱き合うことです。お互いにしかできないこと（お互いのプロフェッショナル）を理解し、尊重することです。

また、先生と保護者の関係においては、同じ方向を向いている共同体感覚も大切です。そのためには、「子どもの成長」という共通の願い（目的）を確認する必要があります。

　4つのポイントは参考になりましたか？

　緊張することも、不安になることも、自然なことです。

　しかし、その感情に飲み込まれてはいけません。緊張して自己開示をできない人柄の先生に、保護者は安心感を抱けるでしょうか？　不安そうな先生を目の当たりにしたら、保護者はどう思うでしょうか？

　虚勢を張る必要も、自分を大きく見せる必要もありません。緊張していたら「緊張していますが、思いを届けられるようがんばります」と言えばいいです。自分の未熟さが不安なら「至らない点もあると思うので、力を貸してください。子どもを愛する思いだけは約束します」と未熟さを認めて頼りましょう。

　先生も、保護者も、肩書がちがっても人と人です。あなたが信頼できる人をイメージして行動に移せば、きっと素敵な関係が築けるはずです。子どもを真ん中に、ともに育む対等なパートナーの関係が日本中に溢れますように。

チェックリスト

□ 子どものポジティブエピソード（学習面・生活面）を話す

□ 先生として「大切にしている思い」を語る

□ 不満や疑問は、即連絡するようお願いする

□ お互い対等なプロだと伝える

もしご意見をいただいたら…

　教員という仕事をしていると経験することになる「保護者からの相談」。その中には、耳の痛い内容やボタンのかけ違いから生じてしまった「ご意見」をいただくことがあります。そんなご意見をいただいたら次のステップで対応してみてください。

ステップ 1　保護者のご意見は「不安」からきているというマインドセット

　保護者にとって我が子は、代えられるもののない宝物です。幼稚園、保育園のときは送り迎えや連絡帳で日々の様子がわかっていたのに、小学校に入学した途端、我が子の様子がわからなくなります。そんな中で、泣いて帰ってきた。怪我をしていた。でも本人はまだうまく説明ができない…。学校で何があったのだろうか、先生は見ていてくれたのだろうか…。こうやって不安が募っていくことがあるということを理解しているだけで、保護者との関わり方は変わってきます。

ステップ 2　ご意見を傾聴

　そんな不安がときに不信感や怒りとなって連絡がくることがあります。そのとき、ただただまずは聴いてください。どんな状況だったのか、どんなことに不安や不満を感じているのか、学校や担任にどうしてほしいと思っているのか、丁寧に聞き取ってください。

ステップ 3　共感よりも理解を示す

　「そうですよね、わかります」と言われてホッとする人もいますが、中には「こんなにモヤモヤしながら言ったのに、あなたに何がわかるんだ」と思う人

もいます。「そうだったんですね」「○○さんは、そんなお気持ちだったのですね」「そういう状況だったんですね」と理解を示すことはできます。まずは理解できた部分をしっかりと伝えましょう。

ステップ 4 対応方法をその場で伝える必要はない

電話口で、もしくは個人面談中に「これを今度から早速します」「このように対応します」と言ったとします。それがもしできなかったり、継続しなかったりしたら保護者の不信感が倍増するのは想像がつくかと思います。その場で約束しなくて大丈夫です。「学年の教員と管理職と話し合って今後の対応を決めますので、また後日連絡させてください」としっかり伝えることが大事です。

ステップ 5 絶対に一人で抱えない

ここは「絶対に！」です。一人ですべて進めていって、後々話が拗れてしまったら、保護者も子どもも、何よりあなたも苦しい思いをします。ご意見をいただいたらすぐに学年主任や管理職に相談しておきましょう。そして必要であれば一緒に入っていただきながら保護者と話してもよいかもしれません。「あなたの」クラスの子どもですが「○○学校の」子どもです。一緒に考えていきましょう。

ご意見をいただくと自分を否定されたような気がして、落ち込むこともあるかもしれません。でも、その事実だけ受け止めて改善できるところは改善をしていけばよいのです。多くの保護者はあなたを否定しているわけではありません。一人で抱え込まず、事実と自分を切り離して考えてほしいです。

チェックリスト

☐ 我が子は保護者にとって宝物。不安いっぱいでご意見を言っていると捉える

☐ まずはどんな思いがあるのか聴く

☐ 共感よりも理解を示す

☐ 対応を決めて後日連絡でもアリ

☐ 絶対に一人で抱えずに、学年主任や管理職に相談

第 **5** 章

仕事術はじめの一歩
事務作業編

生徒指導の記録のコツ

　生徒指導で記録をする理由は、「時間が経っても変わらずに事実を伝えるため」です。ここでは、生徒指導の中でも、問題行動があった場合の指導を取り上げて説明していきます。問題行動が後々に重大案件に発展した場合には、指導をした際の記録が大変重要になっていくからです。

　大前提として記録は、「事実のみを整理して、客観的にまとめたもの」となります。自分の感想や考えを書くと主観的な文章になってしまい、途端に信憑性のない記録となってしまいますので、注意が必要です。

　さて、ここからは、記録すべき事柄を整理していきます。

1．日時

　いつの話なのかを時系列に並べることで、事実関係が整理されます。また、問題行動の因果関係が見えたり、子どもの話の矛盾点がわかったりして、解決の糸口が見えることもあります。

2．関わった人間

　「だれがその行動をしたのか」「だれがその発言をしたのか」「話し合いの場にいた人間はだれなのか」後々に確認すべき内容が出てきたときに、そこに名前の記載があるかどうかで判断ができます。「言った」「言ってない」の水掛け論を避けることにもつながります。

3．事実①　言動

　だれが何をして、何を言ったのかを記述します。概要で構いませんが、書き落としがないことが大切です。重要ではないと思っても、とりあえず書く。記録は後で減らすことはできますが、増やすことはできません。

4. 事実② 対応

　問題行動に対して、どのように対応したかを記述していきます。特に、子どもや保護者と約束をした場合、その約束の内容は、間違いなく記録を行い、その後も継続的に守られているのかを確認する必要があります。

　以上が最低限、記録する内容になります。なお、聞き取りをノートなどにメモをしたとしても、最終的には学校のパソコンでデータ管理をすることをおすすめします。共有がしやすく、紛失のリスクが低いからです。
　重大案件に関しては、基本的に学校に決められた書式があるはずです。生徒指導主任の先生に聞いて、どのような形で記録をするかを確認した上で、まとめていきましょう。

まとめ ─────────

　とにかく事実を時系列に並べて書くことが大切。記録があって困ることはありません。迷ったら記録していきましょう。

提出物の管理・効率化

「こんなに書類があるの！？」

4月当初から、児童指導資料や保健関係資料など、重要書類を何種類も回収することになり、驚く人も多いと思います。大量の書類は、うまく処理をしないと大量の仕事となってしまいます。そのため、提出方法と管理方法を踏まえて計画的に集めることが必要です。

ステップ 1 提出物を集める理由を考える

①とりあえず回収するだけ

例）任意参加の地域行事の参加票など

②提出チェックが必要

例）個人面談の希望調査、長期休みの課題など

③出席番号順に並べて保管

例）アンケート用紙など

④出席番号順に並べて鍵のかかる所で保管（個人情報）

例）保健関係書類など

※さらに、全員が同じ日に持ってくるのか、それぞれがバラバラに持ってくるのか（提出できる期間が1週間ほどあり、どの日に出してもいいなど）によっても、効率的な方法は変わります。

ステップ 2 提出方法を選ぶ

①提出したらクラス名簿に先生がチェックをつける

　〇子どもは何も考えなくてよい

　△チェックが手間

②提出したらクラス名簿に子どもがチェックをつける
　〇無駄な手間や時間が少なく、未提出を確認できる
　△提出状況が全員から見える。書類が出席番号順に並ばない

③キリのいい出席番号の子どもが5枚ずつ集める
　〇同時に回収されるので速い
　△同じ子どもが回収係となり、対象負担になる。個人情報は×

④出席番号順に子どもが並んで、先生の机に提出
　〇効率よく出席番号順に書類が並ぶ
　△子どもの時間を多少とる

　さらに、そもそもの大前提として紙で提出をする必要があるのかを検討することも必要です。Google formsのようなアンケート機能を使えば、提出する書類を減らすことも可能です。

まとめ

　集めた後にどうするか、その目的に合わせて集め方を変えるとよい。

丸付けやコメントを無理なく行う

　子どもたちが行ったテストやプリントへのフィードバック、作文へのコメントは手間がかかる作業です。すべてを丁寧に行っていると、いくら時間があっても足りません。

　これらの作業を効率的に行う方法を紹介します。

1. テストの丸付け

　テストの丸付けは、授業時間内にテストを回収し、放課後や休み時間に丸付けを行い、それを後日返却するという方法が一般的だと思います。

　しかし、この方法では、大切な放課後や休み時間をテストの丸付けに費やしてしまいます。

　私は、授業内でテストの採点、点数記入、返却、修正を一貫して行う方法を実践しています。

　以下の手順で行います。

　①テストを実施します
　②テストが完成したら、順次提出させます
　③教師は、提出されたテストから採点と点数記入を行います
　④テストの解答と共に返却します
　⑤子どもは受け取った解答を見ながら、テストの誤りを修正し再提出します
　⑥テストのふりかえりを行い、テストで間違えたところなどを、自主学習ノートに行います（私のクラスでは学校で自主学習を行ってもよいことにしています）

　この方法を用いることで、採点から修正までを授業時間内に完了することができます。さらには空白の時間もできません。⑥までは難しそうであれば、③まででもかまいません。少なくとも、授業時間内に丸付けが終えられます。

２．作文や自主学習ノートへのコメント

　一人ひとりの作文や自主学習、すべてにコメントを入れると、膨大な時間がかかります。そこで、コメントではなく、評定をいれます。たとえば、作文を行ったとします。このとき、評価のポイントを子どもに伝えます。私は、ポイントを２つ伝えることが多いです。たとえば、「一文を短く」「比喩を使う」などです。そして、このうち２つできていたら「Ａ」、１つできていたら「Ｂ」、１つもできていなかったら「Ｃ」にします。これにより、コメントを書き込む手間が省けるだけでなく、指導事項も明確になり、また、評価の透明性も高まります。

　自主学習ノートについても同様の手法を用いることができます。
　下記の画像は、６月の評定例ですが、月ごとに変更することで、子どもの状況に合わせて評価を行います。

自主学習ノートの評価（６月）
①ていねいに行っている。
②２ページ以上行っている。
③４ページ以上行っている。
④国語と算数の学習を行っている。
⑤理科や社会などの学習を行っている。

自主学習ノートの評価（６月）
【SSS】①②③④⑤を全てクリアしている。
【SS】①②③④⑤から、４つクリアしている。
【S】①②③④⑤から、３つクリアしている。
【A】①②③④⑤から、２つクリアしている。
【B】①②③④⑤から、１つクリアしている。
【C】①②③④⑤から、１つもクリアしていない。

　もちろん、状況に応じてコメントを書き込むことも大切です。
　たとえば、クラス全体で自主学習を開始する際には、重要な時期であるため、コメントを通じて指導を行うことも検討しましょう。これは当初手間がかかるかもしれませんが、その後の成果につながることでしょう。

まとめ

　クラスの状況に合わせて、評定やコメントをうまく活用することが重要です。正しいバランスを取りながら、生徒の成長と理解をサポートする手段として活用していきましょう。

「こまごま仕事」の終わらせ方

「えっ、もう20時!? 明日の授業準備終わってない…」

「何に時間使ってたんだろう。やりたかったこと全然できてない…」

サボっていたわけじゃない。忙しく仕事をしていた。なのに、何に時間を使っているのかイマイチわからないまま、気づけば夜になっていた。その忙しさの正体は、ズバリ「こまごま仕事」です！

・行事のふりかえりアンケートの入力

・子どもの提出物の確認、テストの採点、成果の記録

・ふとお願いされた手紙の印刷　　　…など

このような名前になりづらい「こまごま仕事」は、実は想像以上の時間を奪っています。脳の容量を奪ったり、脳の判断する体力を削ったりしているからです（１日に脳が判断をできる回数には上限があると言われています）。

本当にやりたいことに時間を使うためにも、「こまごま仕事」を生産的に終わらせる方法を２つ紹介します。

「来週末までに記入しておいて」とアンケートを渡されたときなどは、渡された瞬間から迷わず取り組みます。脳の意識がアンケートに向いている状態だからです。

一度思考が途切れてしまうと、取り組んでいた作業に意識を戻すことには時間がかかります。ならば、その意識が向いたものを終わらせてスッキリさせてから元の作業に戻った方が生産的です。

ここで後回しにしてしまうと、ふとしたときに「あのアンケートそろそろ出さなきゃ」などと思い浮かべることになります。限られた脳のスペースを使い続けることになるのです。

そのため、意識が向いた「こまごま仕事」は、迷わずに終わらせましょう。（私は「25分以内で終わるかどうか」という基準ですぐに取り組むかどうかを決めます。30分以上かかるようなら後回しにすることもあります。これは、ポモドーロテクニックという時間管理術を参考にしています。気になる方は検索してみてください）

ポイント ② 取り組むタイミングを決める

「テストの丸付け」　→　出した子からその場で

「週案」　→　火曜の放課後　　「学年だより」　→　前月の20日　…など

毎週や毎月のように取り組む作業は、そのタイミングを決めましょう。そうすることで、優先順位を考えたり判断したりする必要がなくなります。タイミングを決めて何度かやってみて合わないときは、タイミングを変えてOK。いろいろ試して、自分にしっくりくる仕事のタイミングを見つけていきましょう。

この試行錯誤は、3年後には大きな花を咲かせるはずです。

まとめ

マイルールを決めて、こまごま仕事で脳を疲れさせないことが大切です。自分に合ったタイミングを探しましょう。

各種書類の整理の方法

　GIGAスクール構想が広まって数年が経ちました。様々な仕事が電子化されつつあります。たとえば、通知表。私の初任の頃はまだ手書きでした。現在は、校務支援システムなどで作成する場合が多いです。指導要録も同様に手書きから電子化されました。

　ペーパーレスが進んでいるように見えますが、かといって紙媒体のものが少ないかというのは別の話です。通知表や指導要録は電子化しただけで、紙で印刷することが必要不可欠です。事務職員から渡される書類も紙です。

　つまり、学校現場にはまだまだ紙媒体の資料などがたくさん存在しています。それらの資料を整理することが仕事の効率化につながります。なぜなら、仕事で最も無駄な時間は「探す」時間だと言われているからです。例外はありますが、資料を探している時間は基本的に何も生みだしません。だからこそ、資料整理をする必要があります。また、書類は、提出を求められるものも多くあります。提出が遅れると、書類を待っている職員の仕事が滞ってしまいます。書類を管理することは、書類を提出した先にいる人の仕事の効率化にもつながる大切な仕事術です。以下にいくつかのポイントを紹介します。

ポイント 1 できる限りすぐに取り組む

　特に提出が必要な書類がある場合は、「すぐに取り組む」ということが最も提出の遅延を防げます。すぐに書き込める書類であれば可能な限り優先して書いてしまいましょう。住民票など、添付資料が必要な書類もあります。

　その場合は、役所の閉庁時間なども考慮して、できる限りすぐに用意するよう心がけましょう。後回しにすればするほど、自分の首が締まります。

　しかし、早ければいいということではありません。ミスだらけでは、余計な仕事を相手に増やしてしまいます。可能な限りチェックをしてから提出しましょう。

ポイント② スケジュールを管理する

とはいえ、「どうしても期日に遅れてしまうのです…」という方は一定数いるようです。私もどちらかといえばスケジュール管理は苦手な方です。そのため、期日の管理を工夫する必要があります。私が実践している方法は以下の２つです。①付箋を机に貼っておく。②タイムツリーなどのアプリで何度も目に入るよう工夫する。この２つを行うことで提出遅れはかなり減りました。ぜひ取り組んでみてください。

ポイント③ 整理する前に捨てる

学校には、様々な書類があります。とりわけ指導案、数々の提案文書など膨大な数があります。これらをすべてファイリングしている方もいますが、一方であまり必要のない書類があるのも事実です。先述した通り、最も無駄な時間は「探す」時間です。すべての書類を保管していれば結局探す時間が増えてしまいます。

本末転倒な状況にならないためにも「捨てる」ということをおススメします。必要のない書類や、終了した行事の提案はすぐに捨てるといいでしょう。そもそも、どうしても印刷しなければならない書類以外は、写真を撮影してしまうという方法もあります。どうにかして、書類が膨大な数になるのを避けましょう。

ポイント④ ファイリング

必要な書類を精査したら、ファイリングです。色で分けたりしながら、背表紙で何のファイルかがわかるように綴じましょう。このような整理が得意な同僚が必ずいるはずです。ぜひ真似しましょう。

まとめ

後回しにしない習慣をつけ、効率のよい仕事を行いましょう。

年間行事にない締切を知る

　初任のとき、年間指導計画表を頼りに見通しを立てていました。

　しかし、どこからともなくやってくる、年間行事計画にはないステルス締切（みんな知っているけど若手には見えにくい締切）があります。

　毎年あるものなので他の先生方にとっては締切があるのが当たり前でしたが、初任だった私にはわかりませんでした。存在もよく知らないままだったので、職員会議で「個別の指導計画の作成をお願いします」と言われても、自分が関係あるのかどうかもわからず、先延ばしにしていました。

　先生に締切の存在を聞いたときはぎりぎりで他の仕事を横に置いて慌ててつくり始めました。

　当時は、他の先生も遅くまで手伝ってくれました。そうならないためにも、年間を通してステルス締切と対処法を知っておくことをおススメします。

ポイント1　締切に一人で立ち向かわない

　他の仕事もそうですが、締切があるということは学校の中や外の関係者の目に触れることが多いということです。管理職に見せることもありますし、保護者に見せることもあります。

　できてから見てもらうのではく、取りかかる前に「すみません、そろそろ○○を作成する時期ですが、ある程度できたらチェックしてもらってもいいですか？」などと、先輩の先生に事前に言っておくといいと思います。

　一番まずいのは、締切ぎりぎりまでだれにも確認してもらわず一人で進めることです。

ポイント2　ステルス締切たちを見える化しよう

　右の表は年間行事計画にはない締切を一覧にしたものです。

5月	6月	7月	8月	9月	10月	11月	12月	1月	2月	3月
	個別の指導計画・個別の支援計画	会計報告① 所見1学期			所見（前期）		会計報告② 個別の指導計画・個別の支援計画 所見2学期			会計報告③ 所見3学期・後期

→

①個別の指導計画・個別の支援計画 【6月・12月】

年に2回更新があるものです。6月と12月につくって保護者に見せるものだということは覚えておきましょう。4月に自分が作成するかどうかも先輩の先生に確かめましょう。書き方は次ページの「個別の指導計画の作成」を参考にしてください。

②会計報告 【7月・12月・3月】

単学級なら自分でしますが、そうでないなら年度初めに学年の中でだれが担当するかを決めます。担当になったら、業者からの納品書や、請求書はすべて保管しましょう。

③所見 【7月・12月・3月】または、【10月・3月】

通知表にある文章表記の部分です。学校によって年に3回のところもあれば、2回のところもあります。いずれにしてもかなりの労力を要するものです。

詳しくは、P.122の「通知表の所見の書き方」をご覧ください。

まとめ

見通しをもって、先輩と相談しながら進めましょう。

個別の指導計画の作成

　集団行動に課題が見られる子どもや、発達に課題が見られる子どもに対して「個別の指導計画」を作成することがあります。まずは、自分の学校に存在するのかどうかの確認をしてみてください。自治体ごと、学校ごとにフォーマットが決まっていることがほとんどだと思いますので、作成の際に気をつけるべきポイントについて、ここではお伝えしていきたいと思います。

ポイント 1　実態を捉える

　個別の指導計画を作成する対象の子どもについての事柄を整理します。その際注意したいのは、事実と自分の考えを混同しないことです。

　事実とは、発達障害の診断（ADHD、ASD、LDなど）とその診断を受けた医療機関や診断を受けた日付。また、知能検査の結果。教室での具体的な言動や問題行動などが考えられます。

　自分の考えとは、本人と話して受ける印象や周囲との関係性、学習の様子を総合して考えられることなど、教師側の見取りが入っている事柄です。こちらに関しては、偏った見方になってしまっているケースもありますので、学年主任など第三者の目を入れることが大切です。

ポイント 2　課題から指導の方針を打ち出す

　実態を整理することで、その子どもがもつ課題が整理されます。多くの場合、複合的に問題が絡み合っていますので、まず、何が課題となっているのかを校内で共有して把握することが、その先のアプローチを考える上で、非常に有効な手段となります。保護者面談をして、家庭の意向を聞く場合がほとんどですが、その前に学校の基本的な方針を決めておくことで、提案性のある面談をすることができます。

ポイント 3 指導方針を決める

　「本人」「保護者」「学校」が、何を望んでいるのかを整理します。たとえば、教室を飛び出して授業に参加できない子どもの場合、授業に参加しなくても自分の席にいることを目指すのか、多少離席しても授業に参加することを目指すのかによってアプローチが変わります。目指しているものがちがう場合、当然ですが効果的な指導にはなり得ません。学校が学校の都合だけで指導することを戒める意味合いもあります。

　ただし、「本人」もしくは「保護者」の意志が聞けないケースもありますので、その際は連携できる人間で進めていく形になります。

ポイント 4 経過観察・報告

　節目の時期に、中間報告があります。そこで、それまでの指導の方針がいい方向に働いているのか。目標の調整が必要か、ということについて再調整を行います。計画を作成するだけで終わりにするのではなく、関係する人間で、見直しながら成長を支えていくというスタンスが重要になります。

まとめ

　個別の指導計画は、それぞれの目指す方向を揃えるための書類。

職員会議の提案

経験年数に関わらず、校務分掌を任されます。ポイントは、提案までに周囲の人をしっかりと巻き込んでいくということです。ステップごとに、周囲の巻き込み方を確認していきましょう。

ステップ 1 昨年度の提案（実施案）を確認する

提案をゼロからつくる必要はありません。以前の提案を確認の上、日程や人数、担当する先生など変えることが明らかなポイントがあれば直します。余裕があれば、提案の中でよくわからないところをピックアップしておくといいでしょう。提案の締切日から逆算して、早めに取りかかることが大切です。

ステップ 2 同じ担当（分掌）で相談する

基本的な部分を変えたら、同じ担当（いない場合は同じ分掌）の先生に意見を聞きます。最後に、分掌の主任の先生に目を通してもらいましょう。

ステップ 3 管理職の承諾を得る

最終決定権は、校長先生がもっていますので、提案に承諾をもらう必要があります。ステップ2で相談しただれかと一緒に持っていくことをおススメします。校長先生の性格によって、提案を見たいと思うタイミングはちがうので、早い段階で関連する先生とスケジュールの確認をすることも大切です。

ステップ 4 職員会議で提案

先生方の前で提案します。

　☆反対意見が出そうな場合や、昨年度から提案を大きく変える場合は、会議で提案をする前に、反対しそうな先生を説得したり、関係の先生方の了承をもらったりするなど、根回しをしておくことも大切です。

ステップ 5　周知の徹底

　用務主事さんや事務職員さんなど職員会議に出ていない方がいる場合、自分の提案に関わりがあるならば、個別に声かけをする必要もあります。こういうときに教員以外の職員の方を大事にしておくことが、円滑な仕事にもつながります。会議の提案をしたことで満足してしまい、忘れないようにしましょう。

　自治体や学校によって、提案の順序や会議の数に差はあります。場合によっては、ここに書かれた流れと異なる場合もあるかもしれません。しかし、その場合でも大事なことは、「職員会議で提案するまでに仲間をたくさんつくっておくこと」です。自分のつくった提案が、他の教職員から大事にされるよう、たくさんの人を巻き込んでいきましょう。

> **まとめ**
>
> 　職員会議の提案は、順序立ててたくさんの人を巻き込んでいくことが大切。

通知表の所見の書き方

　所見というのは、通知表を渡す際に保護者に向けて書かれる子どもたちの様子のことです。名称は各学校で異なりますが、学校生活全般の所見（私の学校では、総合所見と呼称しています）、道徳に関する所見、外国語活動に関する所見、（３・４年生のみ）総合的な学習に関する所見があります。

　これも学校によりますが、それぞれ大体の文字数の目安が決まっています。私の経験上、総合所見は200～400字程度、その他の所見は、150字前後でした。また、学級通信よりも表現や内容が固くなります。通知表はご家族にとって一生残る大切なものです。中には、親戚に見せるという家庭もあります。

　当然内容はもちろん文体のチェック等も普段の文書より厳しくなります。最近は、１学期や前期の通知表を廃止する学校が多いです。

　しかし、所見は書くまでの準備や段取りがとても大切になる仕事です。文字通り、「段取り八分」と言えます。そこで、半年間ないしは、１年間を通して準備をしていきましょう。

ポイント 1 　分掌からの提案を熟読しよう

　通知表の時期が近づくと、書き方などの提案がなされるはずです。その中に必ず所見の書き方の注意事項があるはずです。

　・統一する文体　・書く内容　・文字数

など学校によって決まっていることが多いです。書き始める前にまずは、提案を熟読しましょう。提案を読んでおかないと、大きな修正が入ったときに自分の首を絞めるばかりか、チェックする先生の負担も激増します。

ポイント 2 　まずは記録をとっておこう

　特に総合所見は、記録が大切になります。そこでおススメなのは、写真と動

画です。多くの学校では、総合所見に「学習面」と「生活面」を記述します。写真や動画があるとその子の様子が事実として残っているので、とても書きやすくなります。また、学習面で光ることがあった場合は、教務手帳やノートなどに書いて記録しておくといいでしょう。現在は教師用端末もあります。クラウド上に保存しておくというのも効果的ですね。

ポイント ③ 総合所見以外は、型をつくるとよい

　総合所見以外の３つの所見については、型があると便利です。なぜなら教科・領域が限定されているので、型があったほうがワークシートで評価する場面を絞ることができるからです。そうしないと、膨大な量のワークシートを一枚一枚隅から隅まで読んでいくこととなります。

　ちなみに私は、３つとも「ふりかえり」に注目しています。なぜならその子が１時間で学んだことが凝縮されているからです。型をつくるポイントは、次で説明します。

ポイント ④ 上手な文章のまねをする

　所見は保護者に向けて書くもの。だからこそ、保護者の方が読みやすく、もらってうれしい文章を書く必要があります。その書くコツをつかむ効果的な方法があります。それは、「所見が上手な先生の文章をまねること」です。

　この「まね」が最も効果的で、最も効率のよい方法だと思っています。必ず校内に所見のみならず文章を書くことが上手な先生がいます。その先生を見つけて過去の所見を見せてもらってください。たくさんの発見があるはずです。また、総合所見以外の型をつくるポイントも「まね」です。上手な先生の文章を真似するのです。いいものはどんどん真似しましょう。驚くほど文章が上手になります。

まとめ

　所見は見通しが大事。提案を頭に入れて記録をとっておく。

校務分掌の3つのポイント

分掌の仕事で大切なのは、見通すこと、聞くこと、まとめることの3つです。

ポイント 1 まずは、見通そう

まず見通すことについてです。今回は初めてもつ分掌を想定します。右も左もわからない状態になるのではないかと思います。そこでおススメなのが、「過去のデータを見る」という方法です。そこには分掌の仕事で必要な情報がほとんど揃っています。

また、私は新しい学校に赴任した際は必ず職員会議要項に、2年ほど目を通すようにしています。どういった経緯で自分の分掌の仕事がそのような形になるかを把握しておくことも大切だと思います。この「過去のデータを見る」「職員会議要項に目を通す」という2つで大まかに、分掌の仕事の見通しをもつことができると思います。

ポイント 2 同僚に聞こう

2つ目は同僚に聞くという方法です。前任者がまだ学校にいた場合は非常にやりやすいと思います。タイミングをみて遠慮せずに声をかけてみてください。

前任者がいない場合にはできるだけ話しやすい先生に相談をもちかけてみてもいいでしょう。その先生から「どの先生がこの分掌の仕事に詳しいか」を聞くことができると思います。分掌の仕事に関わらず、校内に「質問できる先輩」がいるのはとても心強いです。ぜひ、見つけてみてください。飲み物を飲んでいるときなど、声をかけやすいタイミングがあります。遠慮せず、声をかけましょう。

ポイント 3 仕事はできるだけその都度まとめよう

　3つ目はまとめることです。基本的に分掌の仕事は1年で完結させます。来年度、初めてその分掌をもつ人でもわかるように仕事が終わるたびに整理をしておくのが理想です。共有のフォルダに日付を入力しておくことで「いつどの仕事をしたのか」がわかるようにまとめておきます。こうすることで年度末に引き継ぎをする際にもスムーズにできます。年度末に思い出しながらまとめるのは、非常に手間がかかります。終わったあと忘れないうちにまとめておきましょう。

　いずれにしても、早めに年間の見通しを立てておくことをおススメします。

　私は少し大きな分掌をもった場合には、分掌ごとにノートを1冊準備します。そこで4月からの流れを見える化するようにします。「4月の段階で職員会議にこんな提案がある」「提案する資料のタイトルは○○で、○○に保管してある」のように第三者が見てもわかるようなノートをつくっておきます。最初は手間に感じますが、このノートを見て仕事をすればいいという状態をつくることができるのでかえって時間の短縮につながります。このようなノートが完成すれば、無理なく仕事ができると思います。ノートをつくるのが大変な場合でも、簡単に年間計画をつくっておくとよいでしょう。

> **まとめ**
>
> 　見通しがもてず、大変な思いをするかもしれませんが、やるべきことを書き出し、細分化してみてください。わからなければ、先輩に聞いてみましょう。

第 **6** 章

仕事術はじめの一歩
職員室の人間関係編

指導教官との接し方

　初任の先生には授業のこと、学級経営のこと、子どもたちへの関わり方のことなど、教員として働くために必要なことを指導する指導教官が1年間つきます。実際に教室で過ごす中で、子どもたちとの関わり方を具体的に指導してくださいます。そんな指導教官との接し方について4つのポイントを紹介します。

ポイント 1 教わったことをやってみる

　指導教官の仕事は、初任者が教師としての仕事を一人でできるようにするために必要なことを指導することです。教わったことを一度やってみてください。まったく同じように最初からするのは難しいと思います。しかし、やってみることで見えてくることや身につくことは、きっとあるはずです。

　自治体や採用形態にもよりますが、多くの自治体では指導教官の先生は、週1回程度しか先生の教室には来ません。つまり、それ以外の曜日は自分自身でやっていく必要があります。指導教官の先生が来ていないときに出てきた悩みや相談ごともたくさんあるかと思います。思いついたらその都度メモしておくことで、来校した際にまとめて相談できて効率がよいです。

　自分のやってみたいことをやって、それに対してすぐにフィードバックをくれる期間はこのときしかありません。ぜひやってみたいことを伝えてみて、一緒にやってもらいましょう。たくさん失敗して、失敗した理由を考えて、一緒に次につなげてもらえる。とても大切な成長の時間です。

　指導教官からはノートで指導した方がよいと言われたけど、学年主任からはワークシートで統一しようと言われた…。このように指導が食い違って戸惑う経験も、もしかしたらするかもしれません。そんなときは、まずは基本的には学年で決まったことと合わせてみるとよいでしょう。学年の子どもたちの実態を把握しながら提案していることが多いからです。ただ、指導教官の先生が提案した実践をやってみたい場合は、それを学年の先生に伝えてみるのも大事なことだと思います。

チェックリスト

指導教官と円滑なコミュニケーションをするために
- ☐ まず教わったことを試す
- ☐ 質問事項は整理しておく
- ☐ 自分のやりたいことを相談する
- ☐ 学年との折り合いも考えて実践する

学年団との接し方

　多くの先生（特に小学校配属となる先生）は、学級担任として初任の1年間を過ごすことになります。その際一番多くの時間をともに過ごすことになるのは、同じ学年の先生方です。初めはどんなふうに接したらよいかも迷ってしまうかもしれません。そんなときは、このようなポイントで接するとよいです。

ポイント ❶ とにかく一緒に動いてみる

　初任者の頃は、仕事の全体像がまったく見えません。しかし、裏で色んな仕事を学年の先生方がしていることがよくあります。どんな仕事があるのか、仕事の合間にはどのような作業をしているのかを知ることが大切です。そのためにも、学年の先生が動くことがあれば「私ができることは何かありますか？」と一言聞いてみるとよいでしょう。そして一緒に動くことでわかることもあるかもしれません。

学年全体に指導をすることは、すごく緊張することだと思います。でもぜひ、やってみてください。そして学年の先生にたくさん教えてもらってください。いろいろな仕事は、慣れるまでなかなかうまくいかないと思います。でも、もしやりたいと思っているのであれば、ぜひ挑戦してみましょう。やらせてもらって、なんぼです。

ポイント 3 小さなことでも質問・相談

何度もお伝えします。初任者がどんな相談をしても「そんなこともわからないの？」ということはだれも言いません。なぜなら初任者だからです。今がチャンスだと思ってください。多くのわからないことや不安なことなどを、質問していってくださいね。

ポイント 4 自分でもできるところは積極的に

行事の計画・準備、会計処理、授業時数管理、学年資料作成…。学年で分担して行う仕事は多岐に渡ります。初任者だと何がわからないかもわからないので、気づいたら他の先生が進めてくれていることが多くなるかと思います。

そんな中でもぜひ自分ができることを見つけて、少しでも学年の仕事を一緒にやってみてください。仕事を覚えることにつながり、また教えてもらうよい機会になります。学年だより作成であれば、昨年度のものを参考につくれるかもしれない、教材会社への電話ならできるかもしれない…。ぜひ、できるところを積極的に見つけてくださいね。

チェックリスト

☐ 先生方の動きを知るために一緒に動く
☐ 全体指導をやらせてもらう
☐ 「これくらい」…は禁止。なんでも相談
☐ 自分でもできるところはやる

同僚の先生との接し方

私は毎日のようにだれかに助けてもらっています。

同僚の先生はもちろん、管理職の先生、子どもたち、保護者の方々……。

このページでは職員室でほかの先生を頼ったり、助けてもらったりする関係をつくるためのちっちゃなテクニックを紹介します。

テクニック 1 仕事の時間の捉え方は、人それぞれだと知っておこう

え？ テクニックじゃないの？ と思われた人もいるかもしれませんが、とても大切なことです。

年代や家族構成、子どもがいるかどうかなど、家庭の事情によって、仕事の捉え方が大きく変わります。

私は3年前までは、時間がかかろうと自分のきりのよいところまで仕事をして家に帰っていました。仕事をするのが楽しかったですし、今も後悔はありません。

しかし、2年前に娘が生まれてから、「自分のきりのいいところまでやってから帰る」という仕事のスタイルを変更しなければなりませんでした。

こども園への送迎や娘が急に体調不良になって迎えに行ったり、午前中に学校を休んだりしなければならないことがあるからです。

その立場になって初めて、「職員室の先生も同じように"ママ"や"パパ"の立場を抱えて仕事をしているんだ」ということに気づきました。

きっとどの職員室にも同じような先生はいます。

もう少し仕事をしてから帰りたいけれど、初任者の質問に丁寧に答えてあげたいけれども、もう帰らないといけないという先生がいるということです。

しかし、だからと言って、質問や相談をしてはいけないかというと、そうではありません。

　初任者や若い先生方は、どんどん質問や相談をしていくべきだと思います。

　質問や相談をしたとき、もし断られたり、話を短く切られたりしたときは、「もしかしたら、先生以外の立場があって自分が見えない部分で忙しいのかもしれない」と思ってみてください。
　質問や相談に答えてくれることは、決して当たり前のことではありません。
　そのことを知った上で関係をつくっていきましょう。
　これを知っておくことが1つ目のテクニックです。

テクニック 2 相談、質問は自分で仮の答えを出してみてから

　たとえば、「明日の算数の授業の進め方がどうしてもわからない」状況になったとしましょう（私はよくありました）。

隣のクラスの先生に話しかけて、相談したいとします。

その先生に話しかける前に、一度立ち止まって考えてほしいことがあります。

それは、「質問や相談をする前に自分で行動をしたかどうか」です。

次の質問のうちどの質問が相手にとって答えやすいでしょうか。

①　算数のＰ○の授業の進め方がわかりません。教えてもらえませんか？

②　算数のＰ○の④の授業の進め方がわかりません。教えてもらえませんか？

③　算数のＰ○の④の部分、自分なら△△というように進めようと思っているのですが、うまくいかないような気がします。○○先生はどう思われますか？

どの質問がいいかを少し考えてみてください。

どれか予想できましたか？　おそらく③を選んだ人が多いと思います。

③は、①と②にはないものがあります。それは自分なりの答えです。自分なりに答えを出したもののうまくいきそうにないから相談しに来ているという思いが伝わってきます。

ここでいう自分の答えに質は必要ありません。どんな答えでもいいので、自分で答えを考えてきたという過程が大切です。

相談された先生は、その答えに対してアドバイスもできますし、自分ならこうするという新たな提案もすることができます。

質問する前には、一度立ち止まって考えてみましょう。

テクニック 3 話しかけるときの「第一声」

先ほどの例の続きです。

自分なりに、答えを用意して質問の中身は定まりました。

質問や相談の中身が決まったら、さらにもう１つ意識してもらいたいものがあります。

それは、第一声です。

たとえばこんな感じです。

新任の先生：すみません、今ちょっと時間いいですか？　○○先生のお力を借

　　　　　　りたいのですが。

先　　　輩：あ、いいよ。

（もしここで断られたら、タイミングが悪かったと思って潔く引き下がりましょう。）

　このように、「すみません」の後に言う一言を考えておきましょう。

　他にも、「お知恵をお借りできませんか」「〇〇先生の見立てを知りたいのですが」などの言葉もおススメです。

　この一言で、相手には、真剣に頼られているということが伝わります。ぜひやってみてください。

　ここからは小技を連発します。

テクニック 4 引き出しにいつも、チョコレートを

何かでお世話になったときは、お返しにチョコレートなどのお菓子を渡してみるのもおススメです。その際、個包装で数が多いものがよいです。チョコレート以外にも塩っぱい味のお菓子もいいかもしれません。必ず渡すということではありません。大切なことは感謝の気持ちです。

テクニック 5 お礼は3回がおすすめ

お世話になったときにはお礼を伝えると思います。そのとき、長々と1回伝えるよりも短く分けて伝えたほうがよいです。

おすすめは3回です。

① お世話になった直後　「○○先生、ありがとうございました」
② 帰る直前　　　　　　「○○先生、さっきはありがとうございました」
③ 次の日の朝　　　　　「○○先生、昨日はありがとうございました」

同じ内容のことですが、3回することで感謝の気持ちがよく伝わります。

上に書いたお菓子とセットで活用すると相乗効果になります。

テクニック 6 小さなことでも付箋でお知らせ

電話を受けたとき、相談や質問があるとき、確認したいことがあるときなど、伝達したいことや伝えないといけないときに、その相手が席を外していることがあります。

そのときには付箋を使うのもおススメです。

丁寧に付箋に書くことで、人間関係をよくすることにもつながります。

あいさつから始めるのがポイントです。朝に読むと思ったら「おはようございます」、少し席を外しているだけだったら「お疲れ様です」から書き始めるとよいです。

ちっちゃなテクニックをうまく使って、助けてもらえる関係をつくる。

管理職との接し方

　まず、そもそも管理職とはだれのことでしょう。

　小学校、中学校において、管理職とは「校長」「副校長」「教頭」のことを指します（学校によってはない役職もあります）。

　では、管理職と他の先生とは何がちがうのでしょうか。

　様々なちがいがあるのですが、一番わかりやすい表現でいうと「上司」か「同僚」のちがいがあります。年齢や経験年数に関係なく管理職は「上司」で、他の先生は「同僚」です。

（ポイント）とにかく情報共有しよう

　小さなことでも「確認」「報告」がとにかく大切です。

　とはいっても、管理職に直接話をしに行くよりも学年団の先生に確認・報告をした後に、学年主任の先生に伝えてもらったり、一緒に管理職に報告しに行ったりして、管理職まで情報を届くようにするというルートが多いです。

　一番まずいのは、自分だけで情報をもったままにしておくことです。

　小さなことでも「報告」「確認」をしましょう。

〈こんなことは「確認」「報告」を〉
　○朝の欠席連絡の電話
　○校外学習の電話
　○子どもの怪我（首から上は特に）
　○ゲストティーチャーを呼びたいとき
　○提案文書を職員会議に出す前に資料に目を通してもらう
　○保護者からの電話　など
　「これ、報告（確認）するか迷うな」と思ったら念のためにも報告するようにしましょう。

ポイント 管理職は大きな味方

　初任の先生や若手の先生のことを、管理職の先生はどのように思われているのでしょうか。

　私がお世話になった管理職の先生方に聞いてみました。

　すると、どの先生も同じようなことをおっしゃっていました。

　「社会人になって間もないだろうから、仕事に疲れていないか、ストレスをためすぎていないか心配して見守っている」

　とのことでした。

　普段は関わることも少ないかも知れませんが、管理職の先生は遠いところから初任や若手の先生のことをよく見てくださっていると思います。

　管理職の先生は教室への関わりは少ないですが、学校というチームを率いる方々で、当たり前ですが、チームの一員です。

　そして、長年の経験をおもちの先生方です。「職員室の担任」といわれる方々ですから、本当に困ったときに相談してみるのもいいかもしれません。

ま と め

　小さなことでも「確認」と「報告」は怠らない。
　「職員室の担任」だから、本当に困ったときは相談しよう。

同期との接し方

　同じ学校に配属された同期。初任者研修で同じグループになった同期。宿泊研修で同じ部屋になった同期…。同じ時期に同じ場所で採用された。それだけで心強く感じませんか。

　私も同期に何度も救われました。苦しかったときはご飯に連れて行ってもらったり、家で話を聞いてもらったりと、励まされました。同期ががんばっている姿を見て刺激を受け、自分もがんばろうと思えました。今でも時々連絡を取り合っては、近況報告をする同期の仲間もいます。やっぱり、初任者のときに知り合った同期は特別だなと感じます。

　ただ、同期として見ているとどうしても身構えてしまうときや意識しすぎてしまうときもあるかもしれません。そうなると仲よくなるタイミングもなかなかなくなってしまいますよね。今回は、そんな同期とどう接していくか、ポイントを紹介します。

ポイント **1** 同期と自分を比べて落ち込まない

　一番比べやすい同期という存在。子どもたちの様子、授業の進め方、仕事の捌き方…いろいろなところで比べたくなってしまいます。でも、比べないでく

ださい。それぞれに、それぞれのよさがあります。比べて自分ができていない
ところに落ち込まないでください。あなたのよさがあります。

ポイント 2 同期の授業を参観してみる

　とはいえ、よいところや真似したいところを見つけることで自分の力になり
ます。また、同期なので経験年数が同じ、もしくは近い場合が多いので、真似
しやすい実践もたくさんあるはずです。同期なら授業を参観するのも頼みやす
いですよね。ぜひぜひ同期の素敵なところ、見つけてみてください。

ポイント 3 悩みを相談してみる

　同期だからこそ共有できる悩みがあります。同じ学校の同期であれば同じ学
校ならではの悩みが言えますし、初任者研修で仲よくなった同期であれば、ち
がう学校の現状を知ることができます。悩みを共有して、励まし合える仲間が
できると、心も軽くなります。そのためにもまずは自分から悩みを相談してみ
るなど、少し自己開示してみるのもよいかもしれません。

ポイント 4 同期だから仲よくする必要もない

　ここまで円滑にコミュニケーションが取れるようにと伝えてきましたが、同
期だからと言って絶対に仲よくしなければならない、ということはありません。
馬の合わない先生もいるかもしれませんし、仕事とプライベートを切り離すタ
イプの先生もいると思います。仲よくできたらうれしい。でも、気が合わなけ
れば別の学校の同期と仲よくしてみようかな、というがんばりすぎないくらい
の意識がちょうどよいかもしれません。

まとめ

　同期の素敵なところや真似したいところを見つけたり、悩みを相談
　したりしながら、自分にとってちょうどよい距離感を見つけていこう。

支援員さんとの出会い方、関わり方

　包括支援員、支援員、特別支援教育専門員、心理士、スクールカウンセラー、スクールサポートスタッフ…など（自治体によって名前は多少異なります）、学校には様々な先生がいます。

　すでに現場に入っているみなさんは、胸に手を当ててみてください。支援に関わる先生方の肩書きと名前、全員言えますか？

　おそらく、多くの先生が「ギクッ」としたはずです。

　安心してください。仕方がないことです。放課後の時間、支援員の先生方は勤務を終えて退勤する。でも、子どもがいる時間に支援について話し合うことは物理的に難しい。そんな状況なので把握できていないことも仕方ないとも言えます。

　では、「どんな特性があるか客観的に見てほしい」「あの子には個別で支援についてほしい」と思ったときに、どうすればよいのでしょうか？

　まずは、支援員配置までの３ステップを紹介します。

ステップ 1 　学年の先生に相談

　まずは、学年の先生に相談しましょう。

　子どものことで悩むこと、相談すること、ヘルプを出すことは、素晴らしいことです。「自分の指導がダメだから…」なんて自分を責めたり、隠そうとしたり、恥ずかしがったりする必要はまったくありません。

　この相談が、学年への報告にもなります。すると、他の先生もその子を観察したり、ともに支援を考えたりしてくれるはずです。もしかしたら、そこで教えてもらったちょっとした指導の工夫で、支援が必要ない程に子どもが変化するときもあります。

　「まだこれくらいなら大丈夫かな…」と思わずに、気楽に話せる段階で「最近○○くんの様子が気になっているんですよね」と声をかけてみましょう。子どもだけでなく、自分を守ることにもつながります。

ステップ 2 　特別支援教育コーディネーターに相談

　「支援について知りたい。支援員さんの力がほしい」と考えた場合、特別支援教育コーディネーターの先生に相談しましょう。支援員さんなどの情報を取りまとめている校務分掌です（学校によって「特別支援教育主任」など呼び名がちがうこともあります）。

　この際、《何に困っているのか》《どうしてほしいのか》を相談すると、支援までの過程がスムーズになります。

　（特別支援教育コーディネーターの先生が、把握できていない場合は、副校長がその役割を担ってくれるはずなので、相談してみましょう）

ステップ 3 ケース会議で支援体制を整える

　コーディネーターの先生、もしくは副校長が中心になって支援体制や支援方針を検討するケース会議を進めてくれます。

　担任の先生は、対象児の「クラスでの様子」「把握している特性」「どうなってほしいか」などを報告できるようにしておきましょう。

　個別で支援に入ることになる場合は、保護者の方にも承諾を得ておくことが望まれるため、家庭との連携についても会議を通して相談しましょう。

　以上が支援員の先生を配置するためのステップになります。

　では、支援員さんとは、どのように関わればよいのでしょうか？

　支援員さんと連携するためのポイントを 2 つ紹介します。

ポイント 1 お願いは遠慮なく。でも、できないことは求めない

　支援員さんは、担任の先生を立ててくれる方がとても多いです。そのため、子どもの支援をしながら、「ここまで支援したら出しゃばりすぎかな…」など、先生の様子を伺いながら慎重に支援します。

　次のように、伝えることで支援員さんも安心して子どもの支援に取り組めます。

例：一問終わるごとに即丸付けするとやる気が継続するので、お願いします。調子がよさそうなときは、自分で丸付けにも挑戦できたらと思っています。

例：衝動性が強いですが、普段は大丈夫なので、斜め後ろ位に立って対応できるようにしてください。クールダウンの時間を短くしていきたいと思っています。

　ただし、できないことはお願いしてはいけません。「嫌だ！　とごねてもやらせてください」「クールダウンは席でさせてください」など、担任もできなくて困っているようなことを支援員さんに求めるのはNGです。子どもと支援員さんの関係が良好でなければ、支援が成り立たなくなります。

ポイント 2　支援員さんの声を聴く

　支援員さんは、クールダウン中の子どもの声など、担任が捉えきれない個々の声を聞ける貴重な存在です。また、授業中に客観的にその子を取り巻く状況を見ることもできます。指導に生きるヒントが見つかることも少なくありません。

　なので、授業の終了直後や休み時間など、1分でもいいので支援員さんの声を聴いてみましょう。担任の忙しさを身近に感じ、遠慮して話しかけられない支援員さんも多いので、先生から積極的に聞いてみましょう。

> **まとめ**
>
> 　共通して大切なことは、子どもの様子や指導・支援の方針をいろいろな先生に伝えておくことです。気になったことは、気楽に話せるように、日常的に話すクセをつけましょう。
> 　相談は素晴らしいこと。一人でなく学校全体で子どもを育む気持ちを。

教員以外の職員を大切にする

　職員室と聞くと、「教員が仕事をしている」というイメージが浮かんでくると思います。ドラマなどを見ていると、たいてい学級担任が机で仕事をしている様子が映し出されます。それは間違いではありませんが、教員以外の職員もたくさんいます。

・事務職員　　　・用務員（公務補）さん　　　・印刷をしてくださる方
・スクールサポートスタッフ　　　・支援員さん　　　・給食調理員さん
・その他公務を補佐してくださる方

　私の学校は児童数250人程度の学校ですが、先生以外の職員が半分程度働いています。自治体や学校によって数は変化すると思いますが、いずれにせよ、かなりの数の教員以外の職員が勤務していることには変わりないはずです。
　では、なぜ教員以外の職員を大切にすることが重要なのでしょうか。それは子どものことをよく見ているからです。
　教員以外の職員とはいえ、支援員さんはもちろんですが、実は子どもと接する機会は意外と多いです。たとえば、用務員さん。作業中に子どもたちとすれ違う姿をよく見かけます。このときは、学級担任が傍にいないことが多く、子どもの素の姿が見られます。
・挨拶をしているか
・廊下を歩いているか
・言葉遣いは適切か
など様々なことが試されます。私の学校では、事務職員が掃除の見守りにつきます。掃除を先生以外の職員の前できちんとできるかということも見られます。

　普段担任の仕事をしていると、先生以外の職員とは、ほとんど会話がなく仕事を終えることもあると思います。しかし、先述した通り、子どもたちの素の様子を知っていることが多いです。支援員さんとのコミュニケーションは当然ながら、用務員さんや事務職員さんとコミュニケーションをとってみることはプラスでしかありません。ぜひ、話をしてみてください。

ポイント **2** 期日に遅れない

　これは、主に事務職員についてのポイントです。事務関係の手続きはとても多いです。結婚し、子どもがいればさらに増えます。そのほとんどが書類への記入です。事務職員は多くの場合、すべての職員の書類を一人で管理、確認、各機関への提出を行っています。教材費の管理も行っている場合もあります。

　当然それらの仕事に締切があります。我々が期日に遅れると事務職員の仕事が大きく滞ります。しっかりと期日を守るということは当たり前ですが、意外と忘れがちです。また、提出しても間違いだらけでは余計に仕事を増やします。相手の立場に立って提出物の作成をしましょう。

ポイント **3** 1％の人への接し方が99％の人への接し方

　これは、以前本を読んでいたときに見つけた言葉です。実際、自分とは合わない人に横柄に接したり、冷たい態度をとったりという方は少なからず存在しています。しかし、見出しの言葉通り、人への接し方は完璧な使い分けができません。どんなに隠しても横柄さは出ますし、周りの人はその態度を見ています。自分とは接する機会が少ない方こそ、接し方を見直す必要があります。最終的に人を動かすものは技術でも容姿でもなく、情です。人間性を磨いていきたいですね。

> **まとめ**
> 　一人で学級経営をせず、どんどんコミュニケーションをとることが大切。

すべての人間関係をよくする
ペップトーク

みなさん「ペップトーク」ってご存知ですか。

アメリカのスポーツ界で生まれた「相手を前向きな気持ちにする言葉かけ」です。

試合の直前や試合中、監督やコーチなどの指導者が選手などに声をかけている場面を見たことはありませんか。あれがペップトークです。選手は指導者の言葉によって、やる気や活気を生み出します。

教室や職場がそんな言葉で溢れていたら素敵ではないですか。また、前向きな言葉を使っていると自分の心まで温かくなる。そんな経験ありませんか。そのように、ペップトークには自分自身の心まで整えてくれる力があります。

ペップトークは、４つのステップで構成されています。

１：受容（相手の状況や気持ちを受け止める）
２：承認（あるものを認め、前向きに捉え方を変える）
３：行動（してほしいことを示し、行動を促す）
４：激励（背中のひと押しをし、応援する）

たとえば、運動会の本番直前に子どもたちにかけるペップトークです。

１：受容「みんなここまでよくがんばってきたね。緊張しているのかな」
２：承認「緊張をしてるってことは、今から本気でがんばろうとしているんだよね」
３：行動「みんなの踊りで会場の人たちを笑顔にしよう！」
４：激励「先生たちは、みんなの踊りを応援しているからね！　えいえいおー！」

ペップトークの4ステップ

❹激励
背中のひと押し

❶受容
事実の受け入れ

❸行動
してほしい変換

❷承認
とらえかた変換

　子どもたちは、自分たちの踊りで会場中を笑顔にするイメージで出発していきます。

　ペップトークを意識することであなたの思いがより相手に伝わります。

　今回は【ペップトークのスキルの一部】をご紹介します。子どもや同僚、プライベートな時間にも使える言葉かけのスキルです。

　参考にしてみてください。

ポイント ❶ 受容する

　ペップトークの１つ目のステップは「受容」です。これはとても大事なことであり、とても難しいことだと思っています。目の前の相手の気持ちや状況を受け止めること。たとえば、忘れ物をした子どもに対してあなたならどのように声をかけますか。

　ペップトークを学ぶ前の私なら「どうして忘れ物したの」と声をかけていました。

　目の前の子どもの気持ちを考えてみましょう。忘れ物をしたくてしたわけでもなく、忘れ物をしてどうしようかと不安な気持ちや悲しい気持ちでいるかも知れません。それなのに「どうして」と言われても、子どもは、困ってしまいますよね。

　まず、気持ちを受け止めましょう。「忘れ物して不安だよね」「困っているよ

ね」と声をかけてあげましょう。

きっと「どうして忘れ物したの」と声をかけたあなたはその子に「忘れ物をしてほしくなかった」はずです。それであれば、まず気持ちを受け止めどうしたら忘れ物をしないのか一緒に考えましょう。

大人でもそうです。まず、気持ちを受け止めてもらった方が話をしっかりと聞こうと思いませんか。自分だったら、何て声をかけてほしいかなと考えてみることも大切ですね。

ポイント 2 承認のピラミッド

子どもたちに前向きな言葉かけをしたいけど…どこを認めたらいいのかわからない。

そんな方は、ぜひ「承認のピラミッド」を意識してみてください。

人は、自分という「存在」があり、思いや夢が生まれます。それによって具体的な行動が生まれ、結果をもたらします。

それらに焦点を当て、認めていくのです。

存在：「あなたがいてくれて助かったよ」「あなたがいてくれるだけで、元気が出てきたな」「あなたのおかげで、クラスのみんながやる気になっているよ」

行動：「消しゴムが落ちていることに素早く気づいてくれてありがとう」「テストに向かって、勉強をがんばっているね」「一生懸命に掃除していたね」

結果：「よくやった。おめでとう」「丁寧に取り組めたね」「素晴らしい作品だ」

また、この視点のどこかを否定すると人はとても傷つきます。「あなたがいない方がよかった」「君にはできないと思うよ」「前も同じことしていたよね」など。聞くだけでも、悲しい気持になる人もいるかも知れません。

目の前の相手の「存在」「行動」「結果」が『当たり前』と思っているとついつい否定してしまいがちです。

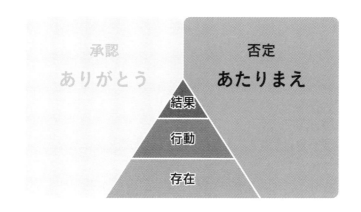

　子どもたちを例にすると、教室にいて当たり前（存在）、丁寧な字を書いて当たり前（行動）、100点とって当たり前（結果）となどと思っていると目の前の子どものことを認めることができません。『当たり前』の反対は『ありがとう（有り難い）』です。ありがとうは、最高のペップトークです。ぜひ、存在、行動、結果に目を向けて目の前の子どもたちや同僚など周りの人たちを応援していきましょう。

　目の前の人の状況や気持ちを受け止めるということは、「信頼関係」をつくることにもつながります。相手が何を求めているのか。そのようなコミュニケーションを繰り返していることで互いに信頼関係を構築することができます。
　子どもだけなく、日頃の同僚との会話でも意識してみて下さい。

ポイント❸　まずは、「自分の心」を大切に

　ここまで、相手の気持ちを前向きにする言葉かけのポイントをお伝えしてきました。
　子どもたちや同僚を応援したい気持ちはある…でも、自分がいっぱいいっぱいでというときもあると思います。そんなときには、無理しないでください。
　まずは、自分の心の余裕をつくっていきましょう。

　ペップトークには、自分自身の心を整える「セルフペップトーク」というも

のもあります。

　自分に向かって、先ほどの４ステップ（受容→承認→行動→激励）で言葉かけをします。

（参観日の直前）

受容：今日は初めての参観日。いつもより緊張しているな。子どもたちも同
　　　じ気持ちだろう。

承認：でも、昨日先輩としっかりと準備したし大丈夫。

行動：子どもたちといつも通り楽しく授業している様子を見てもらおう。

激励：できる大丈夫。終わったら、先輩にたくさん話を聞いてもらおう。

　このように、自分がかけてもらいたい言葉を選んで自分自身にペップトークしていきましょう。これが難しかったら、一言思い浮かべるだけでも大丈夫です。

　「子どもたちがきっと活躍してくれるだろう」「笑顔でがんばろう！」「終わったら、焼肉行こう！」など自分の気持ちを受け止めて少し軽くしてあげましょう。あなたが前向きになれる言葉は、何ですか。

私自身、自分自身に声もかけられなく不安でいっぱいのときもあります。そんなときは、信頼できる家族や同僚、先輩にストレートに自分の気持ちを伝えに行きます。「明日、参観日で不安なんです」「この保護者対応どうしたらいいかわからなくて」

　きっと、あなたの気持ちを受け止め、声をかけてくれるでしょう。

　自ら相手にペップトークを求めに行ってもいいですよね。

　これを読んでくださっているあなたは、だれにペップトークを言いたいですか。学級の子どもたち、同僚、それとも自分自身。

　気をつけてほしいのは、ネガティブな言葉が悪いというわけではありません。そんな言葉や気持ちもたっぷりと受け止めてあげてください。

※ペップトークをさらに学んでみたい方は「ペップティーチャー」とインターネットで検索してみてください。教師向けの講座が定期的に開催されています。

> **まとめ**
>
> 様々な気持ちを受け止めて、受け止めた先にほんのちょっと前向きな言葉が入ると、前に少しずつ進めます。
> あなたの周りがペップトークでいっぱいになりますように。

もし接するのが
つらい場合は…

　どんなに努力しても、どんなに丁寧にコミュニケーションをとっても、うまくいかないことだってあります。どうしても関わりたくない、もう接するのも限界。そんな人間関係になることだってあります。

　もし今そういった状況にいて、しんどい気持ちでこのページを開いている先生がいらっしゃったら言わせてください。あなたは今まで、つらい思いをしながら、すごくがんばってきましたね。十分がんばってきた自分を、一旦「よくがんばったね」とどうか認めてあげてください。

　そんなことがないのが一番よいですが、もし悩んでいたらこちらのステップをお読みください。何かのヒントになりますように。

ステップ 1 　物理的に、時間的に意識して離れる

　同じ場所に長くいればいるほどつらい状況になっているかと思います。まずはとにかく離れましょう。学校という場所はありがたいです。自分の教室があります。自分の教室でできる限り作業をしてもいいんです。学年で話し合う必要のあるときだけ職員室に戻ってきたらいいんです。子どもを帰してから、会議などがなければ、年休をとっていいんです。離れましょう。

ステップ 2 　安心安全な人に相談をする

　苦しいとき、何が自分を苦しくさせているのかわからないときがあります。だれかに話してみることで見えてくることってたくさんあります。そして何より吐き出せなかったことを吐き出せて、心が楽になります。

　自分にとって安心安全な人に、しんどい思いを聞いてもらうのは、悪いことではありません。「しんどかった」「つらかった」聞いてもらいましょう。

ステップ 3 自分が何に対してつらいと感じているのか知る

　自分のしんどかった思いを言葉にしていくと、どうしたかったのか、どうしてほしかったのか、これから自分はどうしていこうと思うのか、少しわかってくることがあります。それが、どうしてもつらい人間関係を解決するヒントになることもあります。自分を主語にして、自分がしんどかったことやこれからどうしていきたいかなどを言葉にしてみてください。だれかに話してもよいですし、ノートなどに書いてもよいかもしれません。

ステップ 4 それでもつらいときは

　寝ても覚めてもその人間関係のことを考えてしまう、何をやっていても気力が出てこない、不安でなかなか寝つけなくなってしまった、わけもわからず涙が出てくるようになった…。そんなときはぜひ病院に行くなど専門家とつながってほしいです。

まとめ ━━━━━━━━━━━━━━━━━━━━━━━━━

　ここまで本当にがんばってきました。もうがんばらなくて大丈夫です。離れて、自分の心を守ってください。元気になってからそれからのことを考えても大丈夫です。

第 **7** 章

仕事術はじめの一歩
部活編

部活動指導の
はじめの一歩

　部活動指導のポイントは目的・目標を明確にすること、顧問が活動場所にいること、顧問自身が指導の軸をもつことです。

ポイント 1 目的・目標を明確にしよう

　部活動をする上で、目的と目標を明確にしておくことは大切です。これが部活動の柱になります。私の場合、目的は「社会に貢献できる人になるため」、目標は県大会２勝以上でした。目標はその部活によって、いろいろあっていいものです。顧問の想いを語るとともに、子どもたちからも意見を出させます。具体的に、ミーティングで子どもたちに聞いた質問は以下の通りです。

○目標の決定をしよう（全員ががんばれば目指せそう！と思えるものが最も力
　を発揮します）
質問１　チームとしてどこを目標にしたいか
質問２　個人としては、どんな選手になりたいか
○具体的行動を決めよう
質問３　質問１の目標を達成するためにはどのような雰囲気で練習をしたいか
質問４　質問２を実現するために、個人で取り組むことは何か

　文面では固く感じますが、できるだけリラックスできる環境を心がけます。大事なのは、子どもたちと一緒に決めたという点です。普段の活動の際にもその目的や目標をブレないようにすることが大切です。

ポイント 2 できるだけ早く活動場所に行こう

　顧問はできるだけ早く子どもの活動場所に行きましょう。事故などの予防は

もちろんですが、「先生は一生懸命やってくれている」という思いを子どもにもってもらうこともできます。先生が早く活動場所に行くと、「だれよりも早く活動場所にきて準備をしている子ども」が目に入るようになります。また、子どもも急いで準備するため、活動開始時間が早くなり、そのこともほめることができます。よいサイクルの中、部活動を行うことができます。

ポイント ③ 先生自身が軸をもって指導にあたろう

　先生が大切にしたいことは何度も繰り返し伝えるほうがいいです。たとえば、道具が整然と並んでいるチームは、見た目にも気持ちがよく、強いチームの印象をもたれます。では、なぜ道具を整然と並べることが必要なのでしょうか。この理由を何度も説明し、話を繰り返すことで子どもたちに浸透させることが大切です。また、写真でその状態を撮影し、子どもたちに見せることで、客観的に理解させるのも効果的です。

この写真は最後の総体前の自転車置き場の様子です。偶然通りかかったら、このような様子だったので、撮影しました。揃えることが目的ではありません。先生の考えを子どもたちに何度も語ってあげてください。

まとめ

　部活動を指導する際、まず目的と目標をしっかりと設定しましょう。活動場所への早めの到着や、生徒に伝えるべき重要なポイントを繰り返し強調することも大切です。子どもがより関心をもつように、具体的な例や写真を取り入れることも大切です。柱を自分の中につくり、部活動経営してください。

他校との折衝のコツ

　顧問の仕事は、多岐にわたります。他校との折衝もその一つです。見通しをもって取り組む必要があります。以下のポイントにしたがって行えばうまくいきます。

ポイント ❶　できるだけ早めに動き出そう

　野球やサッカー、バレーボールなどの競技の顧問をした場合には、他校との練習試合をすることが多くあります。そのときのポイントは、「できるだけ早く動き出す」ということです。

　たとえば野球の場合だと、球場（グラウンド）とバスの確保が必要になります。球場もバスも時期によっては、取りにくくなるときがあります。早めに準備をしましょう。遅くとも1ヶ月前には部活動の予定を出しますから、2ヶ月以上前には 練習試合を決めておく必要があります。

ポイント ❷　相手校を探そう

　どうやって相手を探せばよいのでしょうか。探し方としての方法は大きく分けて2つあります。

①　近隣の学校に電話する　②大会などで会ったときに練習試合を組む

　この2つです。もっとも、多くの場合は、前任の先生が練習試合を組んでくれます。

ポイント ❸　会場に着いたらこうしよう

　無事に練習試合のセッティングが終わり、当日を迎えられた。練習試合の会場に到着したら、まずは「練習試合をしてくださってありがとうございます」

と相手校や顧問の先生に伝えましょう。試合が終わった後もしっかりとお礼を言って帰りましょう。

　チームでミーティングする際も相手校から学んだことを、チームで共有するとよいでしょう。試合以外に学んだこと（その競技に向かう姿勢や、道具の管理面など）は、イメージの共有がしやすいため、言葉だけで語るより子どもたちは理解しやすいです。

ポイント 4 公式戦の場合はこうしよう

　公式戦の場合には、少し様子が異なります。まず、大会の要項が各部活動から出されると思います。そこには重要な連絡事項がたくさん書かれていますので必ず目を通すようにしましょう。複数顧問の場合には、必ず他の顧問の先生にも渡します。バスなどの手配が必要な場合もあるので、管理職の先生や事務の先生にも同じように要項を渡します。大会参加申込書というものが同封されているケースがあります。期限内に出せるように準備をしましょう。

　不安な点は、勤務している地区の代表の先生に連絡をとります。顧問の服装の決まりや集合時間等、初めての場合には間違いやすいところがあります。確認しておくとよいでしょう。

まとめ

> 基本的には、この4つのポイントを行えば大丈夫です。大会等でいろいろな先生とコミュニケーションをとることで、今後のセッティングもしやすくなります。

子どもとの接し方

「経験のない競技の顧問になり、どんな言葉をかけてよいのかわからない」これが初任時代の私でした。そして、厳しく子どもに接していました。

今では、「厳しい顧問」をあえて演じる必要はないと思うようになりました。しかし、指導が必要な場面では「毅然とした態度」も必要になります。

ポイント ① 状況に応じた指導の使い分けをしよう

この使い分けが重要です。指導に対し、不信感を抱かせないようにするためにも、事前に「こういう場合ではこのように指導する」というような、線引きを子ども・保護者と共有しておくことが大切だと思います。事前に示すことで何か指導する場面があったときでも「先生はこういう意図で言ったのだ」ときちんとこちらのねらいを理解してくれます。保護者会の機会があれば、保護者にも同様に伝えておきます。

ポイント ② 対話を大切にしよう

また近年では、「強い指導に耐性がなく、うまく対応できない子どもが多くなった」という実感があります。それは、部活動だけの傾向ではないのかもしれません。そうした子どもとは、対話を重視することで、いい関係をつくることができます。そのため、私は定期的に「個人懇談」をする機会を設けるようにしています。

練習を見ながら、一人ひとりを呼び出し、話をするようにします。具体的には次の内容を聞いています。

質問１　希望のポジションややってみたいこと
質問２　困っていることや、質問などの受付

１人５分ほどの個人懇談ですが、対話のきっかけにはなります。また子ども
は、「話を聞いてもらえた」という気持ちになれます。

　こういう話をすると、子どもの意外な悩みや一面をみることができます。数
カ月に１回、定期的に実施しています。その結果かわかりませんが、ここ数年
退部者０の状況が続いています。

　読者の皆様は年齢が子どもと近い方が多いと思います。子どもとともに活動
する中で対話を通し、関係を形成していってください。

ポイント 3　子どもたちに考える機会をあたえましょう

　時代の流れとともに、「子どもたちに考えさせる指導」を行っているチーム
がどんどん増えています。部活動はあくまで、子どもの自主的・自発的な参加
により成り立つものです。子どもを中心においた部活動経営をしたいものです。
「この練習ってなんのためにやっているの？」と子どもに考えさせる機会をと
ってみましょう。きっとその後の活動が変容していくはずです。

まとめ

　対話を大切にし、子どもと関わるようにしていきましょう。指導の
方針を自分なりに考え、子ども・保護者とも共有しておきましょう。

保護者との連携

　部活動の性質上、保護者の方の協力なしには運営は難しくなります。大会や練習試合の際には送迎をお願いしたり、お弁当づくりをお願いしたりすることになります。できればいい関係で、部活動を運営したいものです。私はまず保護者会を開催し、保護者の方に向け、所信表明をします。部活動で大切にしたいことやチームでの目的や目標を簡潔に話します。

　また簡単な年間スケジュールも示し、送迎やお弁当の準備などをお願いすることを事前にお伝えします。質問があればその時点で受け付けています。

　また顧問としてできることとできないこともその時点ではっきりさせておきます。ガイドラインを示し、これ以上の活動はできないことを事前に言っておくことも大切だと思います。

ポイント **1** 大切なお子さんを預かっているという意識を常にもっておく

　保護者との連携で一番意識をしていることは、「大切なお子さんを預かっているんだ」という点です。部活動の活動をしている上で、怪我は避けては通れません。その上でスピーディーに対応ができるかどうか、事後の連絡をしたかどうかはとても大切なポイントだと考えています。　初期対応が遅れてしまったり事後の連絡がなかったりした場合は不信感にもつながります。

　また、平時からコミュニケーションをとることを意識しています。試合や練習での送迎時はチャンスです。そのときに子どもが部活をがんばっている様子を保護者の方に伝えておくといいでしょう。

ポイント **2** 練習試合にはできるだけ多くの子どもに出場機会を与えよう

　団体スポーツであれば、レギュラー、ベンチ入りの子ども、ベンチ外の子どもなどに分ける必要があります。そんなとき、「なぜうちの子はベンチに入れ

　「ないのか」という意見を言いに来られる保護者の方もいるかもしれません。事前に基準を示しておくといいでしょう。

　また私は、そこも含め「練習試合」には多くの子どもに、出場機会を設けてきました。もちろん試合に出てほしいというのもありますが、練習試合ではある程度「結果」が出ます。子ども自身も、保護者の方も練習試合の結果から納得してくださるケースが多いです。

ポイント ③ ここまでしかできないという線引きを決め、子どもや保護者にも伝えておく

　保護者の方の中には「もっと部活動をやってほしい」という意見を言われる方がいるかもしれません。事前にできないことの線引きをしておくことが自分の身を守ります。私の場合ですと、最初の保護者会で「ガイドラインに基づいて、土日のどちらかと、平日に必ず1日以上休養日を設けます」と伝えています（ここでのガイドラインとはスポーツ庁の出している、運動部活動の在り方に関する総合的なガイドラインを指しています）。部活動も教育活動の一環として行うものなので、ここの線引きはしっかり守ることを宣言しましょう。

まとめ

　保護者の協力なしに部活動を行うことは難しいです。予定表を早めに配布するなど、小さな配慮でも保護者にはうれしいものです。無理のない範囲で行いましょう。

自分を追い込まないために…

　平日、授業が終わった後の部活指導や休日の部活動指導など、しんどいと感じることが多くあると思います。そんなとき、「完璧にやらなくては」と思うと本当にしんどくなってしまいます。

　大事なことは、自分を追い込まないことです。具体的には以下のように考えてみてはどうでしょうか。

ポイント1　もう一人の顧問の先生に任す場面をつくる

　小規模校を除き、多くの学校では複数顧問制になっていると思います。ぜひ、部活動の仕事や部活に出る日を分担してみてください。顧問をもったときに、相談しておくといいでしょう。ここで相談すべきことは「役割分担」です。一人だけに負担のかからないような分担を決めましょう。事務系の仕事、練習試合のセッティングなど活動以外の仕事もあります。「私はこれとこれをしますので、この仕事はお願いできますか」と相談しましょう。とはいえ、新任の先生にとっては、なかなかお願いしにくいものです。もう一人の顧問に直接頼むことができそうにない場合は管理職の先生に相談しましょう。きっと、うまく伝えてくれるはずです。

ポイント2　子どもに任す場面をつくる

　部活動は子どもの自主的、自発的な参加が前提にあります。子どもに任せる場面を設定してもいいでしょう。経験したことのある種目であれば、先生が自らプレーのお手本を示せますが、なかなかそうはいかない場面もあります。そんなときはぜひ、子どものお手本役をつくりましょう。その子どもの自己肯定感も上がります。近年では、ボトムアップによる指導が注目され、取り入れている学校があります。「なぜこの活動をするのか」「チームの今の状態はどうか」

など、子ども同士で話し合いをする機会を設けてもいいでしょう。

ポイント ③ 管理職に味方になってもらう

　部活動の設置者は、学校長です。一生懸命部活動指導を行っていても、保護者から意見をもらったり、相方の顧問の先生が協力的でなかったりと、いろいろなことが起こります。管理職に事前に話を通しておくことで、救われる例がいくつかあります。たとえば、私の場合は保護者から意見をもらったことを管理職に報告するようにしています。それが自らの身を守ることにもつながっています。

ポイント ④ 適度な休みを部活動計画の中に組み込む

　子どもや先生が元気に活動できることが一番です。そのためにも、積極的に休養日を設定しましょう。子どもも先生も疲れを残している状態で活動をすると重大な事故を起こしかねません。子どもは「部活動が楽しい」という状況になれば、自然と家に帰っても努力を重ねるはずです。子どもにとっても、余白は必要です。積極的な休養日を設けることで、子ども自らが努力や追究をしたくなるような余白を設定しましょう。がんばりすぎないことが必要です。この本を購入され、熱心に勉強しておられる先生です。もう十分にがんばっています。「休む」ことは悪ではありません。ぜひ、適度な休みを計画に入れましょう。

まとめ

　授業、学級経営、部活動など非常に多忙な現場です。だれかに頼ることができれば、きっと少し楽になれます。まずは「任せてもいいんだ」というマインドを身につけましょう。先生が元気でいることが一番大事です。それ以上に大切なことはありません。思い切って、４つのポイントをやってみてください。

刊行に寄せて

　コロナが猛威を振るい始めた2019年冬。
　私は人生で初めて本格的にSNSを使い始めました。

　きっかけは、ある先生からの「お願い」でした。
　元々SNSの類が嫌いであり、あらゆるアプリの使用を避けて通ってきた私に、
「先生がSNSで発信すれば、きっと多くの人の力になるはずです！」
と力説してくれる方が現れたのでした。
　ここまで強くお願いされて意固地に使わぬのもどうかと思い、試しにという
形で始めてみたのが2019年末の出来事です。

　その後、コロナショックは想像をはるかに超える規模で世界を襲いました。
　学校における教育活動にもあらゆる制限がかけられ、人と会うこと、触れ合
うこと、そして学びを得ることにも甚大な規制がかけられました。
　それでも尚、「もっと学びたい」「もっと知りたい」という先生方の知に対す
る熱は消えませんでした。消えるどころか加速した面すらあると感じています。

　何か子どもたちのためにできることはないか。
　今の状況の中で私たちには一体何ができるのか。

　オンラインを活用した学びの場も加速的に増え、その中で積極的に情報交換
がなされるようになりました。
　かくいう私も、その頃からたくさんのオンラインセミナーを企画するように
なり、さらにオンラインコミュニティの運営も始めるようになりました。
　そこに集った方々と、これまでに数々の仕事を一緒にしてきました。
　参加者が500名を超える規模のセミナーを幾度も企画するようになったり、
全国各地から2000名以上が参加した共同学習を共に創ったり、一緒に本を書く
ようになったり、ラジオで話したり、サークルをつくったり。

そんな風にして、コロナによる数々の制限下においても、下を向くばかりでなく互いに知恵を出し合い、助け合いながら我々は生きたのだと思います。

　コロナが明けた後も、そのオンラインコミュニティから生まれたつながりから、リアルでのセミナーや合宿イベントが次々と実施されています。

　そして今回、「スタプロ」という形で全国の初任者を応援するプロジェクトが大きく動き始め、ついには本書が刊行されるほどのうねりとなりました。

　山崎克洋先生をはじめ、今回の本の執筆者のお名前を見ていると、コロナ禍のオンラインコミュニティのご縁からつながった方々がずらりと並んでいます。

　また、「過酷な状況にある初任者の先生方の力になりたい」という執筆者の方々の思いが各ページから確かに伝わってきて、本当に心が温かくなりました。

　大変な状況の中でも、下を向くことなく前を見て歩んできた皆さんだからこそ、このような温かな思いに包まれた本が生み出せたのだと思います。

　未来を共に歩む初任者の仲間に向けて書かれたこの優しい一冊が、多くの方の元に届くことを心より願っております。

　執筆者のみなさんに、ありったけの「ありがとう」の思いと「お疲れ様でした」のエールを添えて、刊行に寄せてのメッセージとさせていただきます。

2024年1月10日　渡辺道治

おわりに

　教員志望倍率の低下、不登校の増加、学校教育の崩壊…現在の教育業界では暗いワードが並んでいます。

　しかし、そのような状況の中、少しでも子どもたちの未来を明るいものにしようと全力を尽くそうとしている先生がいるのも事実です。

　そのような熱い気持ちをもった先生は必ずいます。このオンライン全盛の時代。どうしても表に出ている先生に目が行きがちです。しかし、校内の中にも心も実力もある先生がたくさんいます。私は、三校経験してきましたが、どの学校にも志をもっている先生は複数人いました。

　仕事術編でも何度か項目として取り上げられていますが、

　「自分にとって最も気づきや学びの機会を与えてくれるのは校内の先生」

　です。なぜなら自分の学級経営や仕事ぶりを間近で見ているのは、校内の先生だからです。

　きっとこの本を手に取る先生は、若手の方が多いと推察しています。特に初担任の頃は何が何だかわからないことばかりです。正直、しんどいことも多いですし、それが適切な指摘であっても受け止めきれないことが多々私にもありました。

　中には、的外れな言葉や理不尽な言葉をかけられるかもしれません。しかし、繰り返しになりますが、心ある先生は必ずいます。

　保護者や子どもとの関係で苦労することもたくさんあります。そのときに支えてくれるのも校内の先生です。

　今回のスタプロのように若い先生をサポートする場が増えてきています。しかし、直接支えてくれる人は、校内の先生です。だからこそ、校内の先生を大切にする心は忘れないでください。

　みなさんが明るい学校生活を送れるようにスタプロは全力でサポートします。スタプロで得たものをぜひ子どもたちに、校内に、還元してください。一緒に教師生活を楽しみましょう！

　　　　　　　　　　　　　　　　　　　　　　　　　　　　　　　　　　篠原諒伍

編著者・執筆者一覧（執筆順）

監修者

山崎克洋　　神奈川県小田原市公立小学校

編著者

篠原諒伍　　北海道公立小学校

執筆者

古内しんご　子育て教育コミュニティ『つみき』代表 / 東京都公立小学校

長尾良佑　　東京都公立学校

薄出賢　　　京都府公立小学校

植田浩暉　　兵庫県公立小学校

渡邊友紀子　神奈川県横浜市公立小学校

熊瀬功督　　岡山県津山市公立中学校

初任者スタプロメンバー

廣滝佑菜　　宮崎県公立学校

松本夢花　　京都府公立中学校

尾池萌　　　静岡県公立中学校

2024年 2 月23日現在

引用・参考文献

坂本良晶（2023）『さる先生の「全部ギガでやろう！」』学陽書房

TOSSランド（https://land.toss-online.com）

フォレスタネット（https://foresta.education）

EDUPEDIA（https://edupedia.jp）

YouTube『優元先生の「優元実行」』
（https://youtube.com/@yuugen-sensei?si=qu7bTLacEN4NtQLP）

YouTube『村野聡チャンネル』
（https://youtube.com/@m.s.channel2020?si=2FpUK5MPs0WDqFc6）

みんなの教育技術（https://kyoiku.sho.jp）

熊本市教育センター
（https://www.kumamoto-kmm.ed.jp/kyouzai/web/tab_menu1.htm）

すごろくや（2012）『大人が楽しい紙ペンゲーム30選　』スモール出版

カスタマーレビュー募集

本書をお読みになった感想
を下記サイトにお寄せ下さ
い。レビューいただいた方
には特典がございます。

https://www.toyokan.co.jp/products/5410

初任者教師のスタプロ
スマート仕事術編

2024（令和6）年2月23日　初版第1刷発行

監　修　山崎克洋
編　著　篠原諒伍
発行者　錦織圭之介
発行所　株式会社 東洋館出版社
　　　　〒101-0054　東京都千代田区神田錦町2-9-1
　　　　　　　　　　コンフォール安田ビル2階
　　　　代表　　TEL：03-6778-4343　FAX：03-5281-8091
　　　　営業部　TEL：03-6778-7278　FAX：03-5281-8092
　　　　振替　00180-7-96823
　　　　URL　https://www.toyokan.co.jp

［ デザイン ］小口翔平＋村上佑佳（tobufune）
［ イラスト ］のいぷらこ
［組　　　版］株式会社　明昌堂
［印刷・製本］株式会社　シナノ

ISBN978-4-491-05410-0　　　　　　　　Printed in Japan